“十四五”高等职业教育城市轨道交通类规划教材

轨道交通导论

主　编◎赵晓宇　何　颖
副主编◎李伟伟　边　可
主　审◎侯洪凤

中国铁道出版社有限公司
CHINA RAILWAY PUBLISHING HOUSE CO., LTD.

内 容 简 介

本书以轨道交通人才培养为出发点，整合轨道交通行业相关的轨道交通建筑业、轨道交通装备制造业、轨道交通运输业知识内容，聚焦铁路和城市轨道交通的差异性，从轨道交通线路建造开始到完成轨道交通运输组织工作结束，全面介绍了轨道交通全产业链的工作内容和组织过程。本书侧重于基本概念，重点介绍轨道交通各环节的组成，目的是使读者对轨道交通全产业链有初步了解，为今后的学习、工作打下基础。本书共5章，内容包括绪论、轨道交通土建工程、轨道交通载运设备、轨道交通信号系统、轨道交通运输组织等。

本书适合作为轨道交通相关专业本科层次导论类课程教材，也可供高职高专院校轨道交通相关专业学生学习，同时还可作为从事轨道交通相关工作的教学、科研、管理及工程技术人员的参考用书。

图书在版编目（CIP）数据

轨道交通导论 / 赵晓宇，何颖主编 .—北京 : 中国铁道出版社有限公司，2021.8

“十四五”高等职业教育城市轨道交通类规划教材

ISBN 978-7-113-27689-8

Ⅰ.①轨… Ⅱ.①赵…②何… Ⅲ.①城市铁路 - 轨道交通 - 高等职业教育 - 教材 Ⅳ.① U239.5

中国版本图书馆 CIP 数据核字 (2021) 第 068253 号

书　　名： 轨道交通导论
主　　编： 赵晓宇　何　颖

策　　划： 李志国　　　　**编辑部电话：**（010）83527746
责任编辑： 张松涛　包　宁
封面设计： 尚明龙
责任校对： 孙　玫
责任印制： 樊启鹏

出版发行： 中国铁道出版社有限公司（100054，北京市西城区右安门西街8号）
网　　址： http://www.tdpress.com/51eds/
印　　刷： 三河市宏盛印务有限公司
版　　次： 2021年8月第1版　2021年8月第1次印刷
开　　本： 787 mm×1 092 mm　1/16　**印张：** 10.25　**字数：** 230千
书　　号： ISBN 978-7-113-27689-8
定　　价： 31.00元

前 言

在我国，轨道交通一般指铁路和城市轨道交通。作为交通运输业的重要组成部分，轨道交通无论在城际还是在城市内都成为人们生产、生活中重要的运输方式。党的十九大报告明确提出，我国要建设交通强国。轨道交通长期以来一直是我国交通体系的重要组成部分。

根据2016年发布的《中长期铁路网规划》，“十三五”期间，形成“八纵八横”主通道，并在此基础上规划建设高速铁路区域连接线，进一步完善路网、扩大覆盖。到2025年，高速铁路将达到3.8万km左右，这意味着我国高铁里程在规划期限内的十年中将翻倍增长。

在中国高铁取得举世瞩目成就的同时，城市轨道交通发展规划也在翻倍增长。2017—2022年新增营业里程将超过6 000 km，“十三五”期间的实际投资超过3.5万亿元，按照截至2020年各个地方政府的城轨规划数据计算，2022年城轨总投资额度将在5万亿元左右。

在新的历史起点上建设交通强国，实现由“交通大国”向“交通强国”的转变，就需要做好人才储备和人才培养工作。本书以轨道交通人才培养为出发点，整合轨道交通行业相关的轨道交通建筑业、轨道交通装备制造业、轨道交通运输业知识内容，聚焦铁路和城市轨道交通的差异性，从轨道交通线路建造开始到完成轨道交通运输组织工作结束，全面介绍了轨道交通全产业链的工作内容和组织过程。本书侧重于基本概念的讲解，侧重于介绍轨道交通各环节的组成，目的是使读者对轨道交通全产业链有初步了解，为今后的学习、工作打下基础。

本书面向刚刚进入专业学习阶段的学生，对学生的专业学习具有引导作用，并可帮助学生对自己未来所从事专业在交通行业中所处的位置有全面的、系统的了解。

本书以轨道交通为切入点，大部分章节分为铁路和城市轨道交通两部分，介绍铁路和城市轨道交通从线路建造到运营组织的差异性。结合轨道交通近几年的发展，介绍了现场所使用的新技术、新设备，系统介绍了世界轨道交通发展历程、我国轨道交通发展历程，并对我国轨道交通发展进行了展望。本书共分5章，第1章为绪论，后4章基于轨道交通全产业链分别介绍了轨道交通土建工程、轨道交通载运设备、轨道交通信号系统、轨道交通运输组织等内容。

第1章主要介绍了现代交通运输业的作用、种类，并对主要经济特性进行了比较；对世界铁路发展历程进行了概括，阐述了未来的发展趋势为高速客运和重载货运；对世界城市轨道交通的发展历程进行了概述，简要介绍了典型城市的地铁；对我国的铁路和城市轨道交通发展历程进行了叙述，介绍了我国取得的“八纵八横”高速铁路网、大秦重载铁路、开通地铁城市最多等成就，并对我国轨道交通事业发展进行了展望。

第2章主要介绍了交通土建工程的设计方法及基本原则、各项设施及其组成、基本构造以及交通土建工程专业含义和发展动态。重点讲解：土建材料应用、路基结构组成及分类、桥梁工程的设计与施工、隧道的主要构成部分与功能、建设项目管理等。

第3章主要介绍与车相关的内容，包括轨道交通载运设备概述、轨道交通车辆的基本结构、铁道机车、铁道车辆、动车组列车和城市轨道交通车辆6个部分。具体内容包括：轨道车辆的基本特点、关键结构、机车的型号和分类，铁道车辆的基本构造和主要技术参数，动车组列车的基本构造和关键技术，城市轨道交通车辆的基本特征和基本构造，轨道交通车辆的基本维修知识等。

第4章主要介绍信号系统在整个轨道交通系统当中的重要作用。依次介绍了信号系统的主要设备，包括：转辙机、信号机、轨道电路、闭塞设备、联锁系统、列控设备以及ATC系统，全面阐述了轨道交通信号系统的设备组成及功能。

第5章从铁路运输与城市轨道交通运输特点讲起，简单介绍了铁路运输与城市轨道交通运输技术经济指标，并以铁路和城市轨道交通车站为基点，简要介绍了铁路（包括货运、客运和行车）组织和城市轨道交通运营组织的内容，包括列车种类、基本作业流程、运输相关计划、运行图等。

本书编写时力求文字简明扼要，以基础知识和理论为主。学生通过本书的学习能够系统了解轨道交通全产业链内容，拓展知识面，为后续的专业学习奠定基础。

本书由大连科技学院赵晓宇、何颖任主编，李伟伟、边可任副主编，张鹏参与编写。全书由侯洪凤主审。具体分工如下：张鹏编写第1章、何颖编写第2章、李伟伟编写第3章、边可编写第4章、赵晓宇编写第5章。

在编写过程中，编者广泛参考了国内外大量的文献资料，在此谨向这些文献资料的作者和出版单位表示衷心的感谢。

本书涉及内容广泛，由于资料来源和编者水平有限，书中难免存在不足之处，敬请读者不吝赐教，以资更正。

编　者

2021年2月

目　录

第1章　绪　　论

1.1　现代交通运输业

1.1.1　现代交通运输业的作用

在人们的生活生产中，交通运输是不可或缺的。交通运输是指使用运输工具将货物或者旅客送达目的地，使其空间位置得到转移的业务活动。交通运输业是国民经济的命脉，是对国民经济和社会发展具有全局性、先行性影响的基础行业，其主要作用概括如下：

① 交通运输业将生产、分配、交换与消费各个环节有机地联系起来，成为发展社会主义市场经济和工农业现代化的先导。

② 交通运输业能促进地区经济合理布局、协调发展。以交通要道为依托，充分发挥不同运输方式的优势，引导形成若干跨地区的经济区域和重点产业，优化生产力布局，优化资源配置，减少重复浪费。

③ 交通运输业有利于提高处理应急事件的能力。遇到非常时期，发生灾难时，如遇地震、洪水、大火、海啸等时，交通工具可被用来救援受灾群众、恢复社会正常秩序，这种超经济的社会公益作用会显得更为突出。

④ 运输是国防的后备力量，战时又是必要的军事手段。交通运输业关系到民族存亡、国家安危，决非用经济尺度所能衡量的。

交通运输是国民经济的重点战略产业，是国民经济的重要基础设施，也是制约经济与社会发展的一个重要因素。自改革开放以来，各地政府和人民都认识到“要想富，先修路”。交通运输业要先行，才能保持国民经济的持续、稳定、协调发展。

1.1.2　现代交通运输业的性质

现代交通运输业是国民经济的有机组成部分，它具有物质生产和为社会公众服务的多重属性，是一个具有明显服务功能的物质生产部门。交通运输是生产过程在流通过程中的继续，是独立的物质生产部门，它参与社会物质财富的创造。运输生产的产品不是改变劳动对象的性质和形态，而只是改变其在空间的位置（位移），也就是在运送旅客时以“人 · km”计量或在运送货物时以“t · km”计量的产出。

1. 运输业具备生产力的三要素

生产力的三要素是劳动者、劳动对象和劳动资料。人们借助于劳动资料，作用于劳动对象，使之适合自己的需要，就是物质生产。以铁路为例：线路、站场、机车车辆等各种固定和移动的设备，是铁路运输业从事物质生产的劳动资料；铁路职工利用劳动资料，按照旅客和货主的要求，有目的地改变旅客和货物在空间上的位置，由此发生的场所变动，就是运输生产的产品。铁路职工是劳动力，旅客或货物是劳动对象，运输业对它的劳动对象只提供服务，而不能自由支配。

2．运输是进行物质产品生产的必要条件

运输业不创造新的物质产品，不改变劳动对象的形状和性质，只变动劳动对象的空间位置，但它是进行物质生产的必要条件，也是物质生产过程不可缺少的重要环节。

3．运输业的产品是“位移”

它的计量单位是“人·km”或“t·km”。为了统计上的方便，通常采用换算t·km数来计算。运输业的产品不能储存、调拨和积累，这是因为运输业的产品（位移），同运输过程是不能分离的，即位移的产生和消费是同时进行的，在它生产出来的同时就已经被消费了。

1.1.3　现代交通运输业的种类

现代交通运输业主要包括铁路、公路、水路、航空以及管道运输等方式。

1．铁路运输

铁路运输是铁路列车在固定轨道上运送旅客和货物的一种运输方式。与其他现代交通运输方式相比较，具有运量大、速度快、正点率高、运输成本低等优点，且受气候或自然条件的影响相对较小。但是铁路运输前期投资大、占地广、建设周期长；受限于车站、货场的地理位置，一般无法实现“门对门”运输。因此，铁路运输适用于大宗货物的长途运输和旅客的中长途旅行。

2．公路运输

公路运输是汽车在公路上运送旅客和货物的一种运输方式。公路运输是目前各国应用最广泛的一种运输方式，具有机动性强、装卸方便、前期投资小等优点，基本能实现“门对门”运输。但是公路运输的运量小、成本高、能耗大、事故率较高。因此，公路运输适用于短途客货运输，除此以外，公路运输还是铁路、水路等运输方式的补充和衔接。

3．水路运输

水路运输是船舶在水上航道运送旅客和货物的一种运输方式。水路运输是历史最悠久的一种运输方式，具有运量大、投资少、成本低等优点，但是速度慢、受航道水文状况影响较大，基本无法实现“门对门”运输。因此，水路运输主要适用于时间要求不太强的大宗、廉价货物的中长途运输，尤其是远洋运输。

4．航空运输

航空运输是飞机在航线上运送旅客和货物的一种运输方式。与其他现代交通运输方式相比较，航空运输的优点是速度快、安全性高、不受山川地貌的影响。缺点是运量小、能耗大、成本高。因此，航空运输主要适用于长途快速客运、贵重且重量较轻的货物运输。

5. 管道运输

管道运输是以管道作为运输工具来运送液体和气体的一种运输方式。管道运输的运送对象主要为石油、天然气等流体能源，具有运量大、环境污染小、成本低等优点，但是灵活性最差，适用于石油等流体、粉末状及颗粒状货物的运输。

以上5种交通方式都有自己的优缺点和适用范围。随着时代的发展，单一的运输方式不能很好地满足运输的各项需求，因此，多种交通方式可以相互补充、协调发展、综合利用，组成分工协作、有机结合、连续贯通、布局合理的交通运输综合体，为我国国民经济的发展提供强有力的支持。表1.1所示为5种运输方式主要技术经济特性比较（特性的优劣按数字从小到大排序）。

表1.1 运输方式主要技术经济特性比较

运输方式	运输速度	运输成本	运输能力	运输能耗	始建投资	安全性	灵活性
铁路	2	3	2	3	5	3	3
公路	3	5	5	4	3	5	1
内河	4	1	1	1	2	4	4
民航	1	4	4	5	1	2	2
管道	—	2	3	2	4	1	5

1.2 世界轨道交通发展历程

1.2.1 世界铁路发展历程

铁路的诞生与发展离不开科学技术和社会经济的进步与发展。16世纪中叶，英国的采矿业非常发达，开始出现用于运输矿石的木制轨道。17世纪，为了解决木制轨道容易磨损的问题，在木制轨道上安装了一层铁皮，出现了世界上最早的“铁轨”。后来经过不断的发展与改进，铁轨外形逐渐发展为现在仍广泛使用的“工”字形钢轨；材料也变成了强度更高的钢轨。但是“铁路”这个名称一直沿用至今。

1825年，英国修建了从斯托克顿至达林顿的铁路，这是世界上第一条蒸汽机车牵引的铁路，它的出现标志着近代铁路运输的开端。铁路的发展也推进了有关产业（如冶金业、采煤业、制造业等）的发展，对英国工业的腾飞起到了重要的推动作用。铁路以其迅速、经济等优点得到了广泛的重视，很快掀起了修建铁路的高潮，除英国外，美国、德国等国家也开始修建铁路。一些国家铁路通车年份见表1.2。

表1.2　一些国家铁路通车年份

序号	国　家	通车年份	序号	国　家	通车年份	序号	国　家	通车年份
1	英国	1825	7	俄国	1837	13	巴西	1851
2	美国	1830	8	奥地利	1838	14	印度	1853
3	法国	1832	9	荷兰	1839	15	澳大利亚	1854
4	比利时	1835	10	意大利	1839	16	埃及	1855
5	德国	1835	11	瑞士	1844	17	日本	1872
6	加拿大	1836	12	西班牙	1848	18	中国	1876

在19世纪中后期，不管是铁路建设技术还是机车车辆制造技术都得到了较快的发展。1869年，全长3 000 km的太平洋铁路建成通车，这是世界上第一条跨州铁路。太平洋铁路横贯北美大陆，穿越崇山峻岭、高寒地带、沙漠等复杂地带，为美国经济发展作出了巨大的贡献。1885年，穿越山区、高寒地带，全长4 667 km的加拿大太平洋铁路建成，保证了加拿大国家的统一，促进了经济的发展。1916年，在高纬高寒地带修建，全长9 288 km的俄国西伯利亚大铁路建成通车。1879年，世界第一台电力机车在德国问世；1894年，德国制造出世界上第一台内燃机车。

在20世纪上半叶，铁路仍取得了一定的发展，但是随着公路与航空的发展，铁路运输受到了很大的冲击：短途没有公路运输灵活，长途没有航空运输快捷，导致铁路运输一度出现萧条的景象。

20世纪下半叶至今，铁路又迎来了新的发展机遇。一方面是“二战”后独立的国家开始兴建铁路；另一方面是铁路技术得到了快速的发展，在能源危机、环境污染等问题的影响下，铁路运输的节能、环保、经济等优势明显。但是各国铁路的发展是十分不平衡的，欧美国家占了铁路总量的2/3以上且技术比较先进，而亚洲、非洲等发展中国家仍在完善路网建设。

世界铁路的总体发展趋势是货运重载化和客运高速化。重载铁路主要用于运输煤炭、矿石等大宗货物，2017年国家铁路局发布的《重载铁路设计规范》（TB 10625—2017）规定，重载铁路需满足以下三条中的至少两条：

① 牵引质量不小于8 000 t。

② 轴重达270 kN及以上。

③ 在长度不小于150 km线路上年运量不低于40 Mt。

重载铁路的发展以美国、加拿大、澳大利亚、巴西、南非、俄罗斯等矿物资源丰富的国家为代表，牵引质量一般为1 万～3 万t。2001年6月21日，澳大利亚BHP铁矿公司开行了一列总重99 734 t、载重82 000 t的列车，该列车由8台GE公司的AC6000型内燃机车牵引682辆货车，长度达7 353 m，这是目前世界范围内编组最多、载重最大、长度最长的列车。重载铁路可以大幅度提高铁路的运输能力，显著降低运输成本，提高劳动生产率和经济效益。

客运高速化的典型代表为以动车组作为载运工具的高速铁路，国际铁路联盟规定“新线运营速度在250 km/h以上，既有线改造运营速度在200 km/h以上的铁路称为高速铁路”。世界高速铁路的先进技术以日本新干线、法国TGV和德国ICE为典型代表，中国高铁后来居上，总里程早已超过其他所有国家高铁总里程之和。1964年，日本的东海道新干线正式通车，运营速度为210 km/h，这是世界上第一条高速铁路，截至2017年4月，日本已投入运营的新干线高速铁路里程为3 041 km，全部为新建的客运专线。1983年，法国TGV东南线（巴黎—里昂）全线建成通车，运营速度为270 km/h，截至2017年4月，法国已投入运营的TGV高速铁路里程为2 142 km。德国由于高速公路比较完善，高速铁路直到1991年才建成通车，且部分线路为旧线改造，但是德国高速铁路的技术与法国难分伯仲。

高速铁路在经济发达、人口密集的地区具有突出的经济效益和社会效益。分析表明，运营速度为250～300 km/h的高速铁路，与公路（100 km/h）、航空（700 km/h）的旅行时间相比，分别在运距250～600 km和200～800 km的范围内具有明显的优势，如果考虑高速列车的安全、舒适、准时等优点，其优势还可延伸。

目前，世界上大部分铁路仍然是客货混跑的常规铁路，虽然重载铁路和高速铁路具有突出的优点，获得了快速的发展并具有良好的发展前景，但是其技术复杂、前期投资高，各国在修建铁路时会考虑到本国的实际情况从而选择适合的方式。因此，三种铁路会长期共存、互相竞争、互相补充。

1.2.2　世界城市轨道交通发展历程

国际上对城市轨道交通没有统一的定义。一般而言，广义的城市轨道交通是指以轨道承载列车的运行，是城市公共客运交通系统中具有中等以上运量的轨道交通系统（有别于道路交通），主要为市内公共客运（有别于城际铁路，但可涵盖郊区及城市圈范围）服务，是一种在城市公共客运交通中起骨干作用的现代化立体交通系统，主要有地铁、有轨电车、轻轨、独轨、磁悬浮、索道等类型。

1843年，英国人查尔斯·皮尔逊提出了在城市街道下方修建铁路的设想，并得到了英国政府的采纳，起因是当时伦敦市区交通拥挤、事故频发。1860年英国伦敦开始修建地铁，施工采用明挖法，为单拱砖砌结构，1863年1月10日正式通车，线路长度为6.4 km，用蒸汽机车牵引。这是世界上第一条地铁，标志着城市轨道交通的诞生。虽然城市轨道交通能有效缓解大城市的交通拥堵问题，但其经历了曲折的发展过程，大致分为四个阶段。

1. 初步发展阶段（1863—1924）

第一条地铁的诞生，为大城市解决拥堵问题提供了宝贵的经验，尤其是电力机车的问世，使得地下客运环境得到了巨大的改善，地铁显示了强大的生命力。同时，有轨电车也得到了较快的发展。这段时期，修建城市轨道交通的城市均为欧美的大都市。

2. 停滞萎缩阶段（1924—1949）

由于汽车工业的发展和第二次世界大战的爆发，导致城市轨道交通的发展进入停滞萎缩阶段。相比于汽车，城市轨道交通投资大、建设周期长、灵活性较差，在竞争中处于劣势。此阶段地铁发展较为缓慢，仅有日本的东京和大阪、苏联的莫斯科等几个城市修建地铁；由于有轨电车在地面行驶，与汽车混合运行，造成了诸多不便，又受技术所限，噪声大、舒适性差，导致其发展停滞不前，甚至大量有轨电车线路被拆除，被汽车取代。

3．重新发展阶段（1949—1969）

这一时期，汽车工业发展迅猛，汽车保有量过多，城市交通拥堵严重，大量的汽车导致城市空气和噪声污染严重、能源消耗严重，城市轨道交通由于污染小、运量大等优点再次得到了人们的关注，许多国家开始在大城市修建地铁，城市轨道交通迎来了新的发展。

4．高速发展阶段（1969年至今）

随着经济和城市化进程的发展，城市规模不断扩大，城市人口急剧增加，城市交通拥堵问题日益严峻。现代城市轨道交通以其快捷高效、安全舒适、节能环保等优点，成为解决城市交通拥堵问题的最佳方式之一，受到了越来越多的重视，各国政府加大投资力度修建城市轨道交通系统。截至2019年底，全球共有75个国家和地区的520座城市开通城市轨道交通系统，运营里程超过28 198 km，其中地铁、轻轨、有轨电车各占大约55%、5%和40%。地铁建设的完善程度已经成为城市发展规模的显著标志。

世界上比较著名的地铁包括伦敦地铁、纽约地铁、莫斯科地铁、东京地铁、首尔地铁、巴黎地铁等。

自从修建第一条地铁以后，经过多年的发展，截至2020年，伦敦地铁线路总里程为436 km，共有12条线路，车站数275个。伦敦地铁列车通过第三轨供电，电压为600 V直流电，如图1.1所示。

纽约地铁的第一条线路于1904年正式通车，是全球范围内屈指可数的历史悠久的地铁系统之一。截至2020年，纽约地铁线路总里程为424.9 km，共23条线路，车站数476个。纽约地铁是唯一全天24 h运营的地铁系统，其特点是大部分线路采用3～4条轨道，快慢车分道行驶，如图1.2所示。

图1.1　英国伦敦地铁

图1.2　美国纽约地铁

莫斯科地铁于1935年通车运营，被公认为世界上最漂亮的地铁之一，其建设考虑了军事用途，可供400余万居民掩蔽之用。截至2020年，莫斯科地铁线路总里程为408.1 km，共15条线路，车站数263个，如图1.3所示。

东京地铁于1927年通车运营，是亚洲最早的地铁。东京地铁线路纵横交错，交通发达便捷，并与市郊铁路衔接联运，方便市郊的乘客快速进入市中心。截至2020年，东京地铁总里程为304 km，共13条线路，车站数285个，如图1.4所示。

图1.3　俄罗斯莫斯科地铁

图1.4　日本东京地铁

巴黎地铁于1900年通车运营，是世界上最密集、最便利的地铁之一。截至2020年，巴黎地铁总里程225.1 km，共16条线路，车站数380个。巴黎地铁站间距短、密度大，在巴黎市区任意一个点，号称500 m内就有地铁口。巴黎的区域快铁（RER）也十分发达，且地铁与RER换乘方便，如图1.5所示。

图1.5　法国巴黎地铁

1.3　我国轨道交通发展历程

1.3.1　我国铁路发展历程

1. 旧中国的铁路

我国铁路是鸦片战争后在帝国主义列强对我国进行侵略的背景下产生的。为将侵略势力从中国沿海向内地延伸，19世纪50年代末期，列强纷纷谋求在中国修建铁路，都遭到了清政府的拒绝。

1876年在上海修建的吴淞铁路是我国第一条铁路，它是英国侵略者采用欺骗的手段修建的。这条铁路从上海至吴淞，全长14.5 km，采用762 mm的窄轨。运营一段时间后，清政府以28.5万两白银将铁路购回，但是并没有认识到铁路运输的优越性，反而于1877年10月将铁路拆除。

1881年在唐山修建的唐胥铁路是中国自主修建的第一条铁路，用于开平矿务局的煤炭运输，如图1.6所示。唐胥铁路从唐山至胥各庄，全长9.7 km，采用1 435 mm的标准轨距。由于人才和技术的不足，唐胥铁路聘用英国工程师监修。唐胥铁路是我国第一条保存下来并实际应用的铁路（现为京沈铁路的一段），从而揭开了中国自主修建铁路的序幕。

以台北为中心，东到基隆港，西南到新竹的两条铁路分别于1891年和1893年建成通车，是中国自己集资、设计并修建的铁路，全长100 km。

京张铁路是我国第一条完全由中国人自行设计施工的铁路干线，该铁路在我国著名爱国工程专家詹天佑的主持下，完全由我国的工程技术人员设计、施工。京张铁路始于北京丰台，经居庸关、八达岭等至张家口，全长201 km，轨距为1 435 mm标准轨距。沿途大部分是高山峻岭，岭高坡陡，修建难度很大，需要开凿四座隧道，为了确保行车安全，在青龙桥站设计了为人熟知的“人”字形线路，如图1.7所示。京张铁路的成功修建，在中国铁路史留下了浓墨重彩的一笔。

图1.6　唐胥铁路

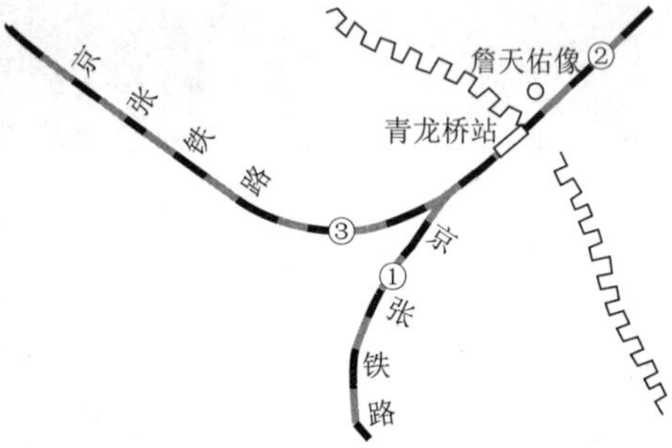

图1.7　京张铁路“人”字形线路

在新中国成立之前，全国仅有2万多千米铁路，分布极度不均衡，技术落后，管理混乱，且大部分由列强实际控制。铁路成了列强疯狂掠夺中国财富和资源的工具，“铁路修到哪里，帝国主义侵略的魔掌就伸到哪里”是旧中国的真实写照。

2. 新中国的铁路

1949年新中国成立以后，接管了2万多千米的铁路，在修复既有线路的同时，开始修建新的铁路。1950年6月开始修建的成渝铁路是新中国修建的第一条铁路，也是西南地区的第一条铁路干线。1958年建成通车的宝成铁路，全长669 km，与成渝、成昆两线衔接，是沟通西北与西南的第一条铁路干线，也是突破“蜀道难”的第一条铁路，并于1975年7月完成电气化工程改造，成为全国第一条电气化铁路。

1985年开始修建并于1992年通车运营的大秦铁路，是我国第一条重载货运专线，如图1.8所示。铁路西起山西省大同市，东至河北省秦皇岛市，全长653 km，源源不断地将山西煤炭运往秦皇岛，2019年全年累计运量4.308 亿t。大秦铁路是我国重载货运的典型代表，满足国际重载协会于2005年修订的重载铁路标准，目前还有京广、京沪、朔黄等铁路满足1994年的重载铁路标准。

1996年通车运营的京九铁路是我国一次建设里程最长、纵贯南北、跨越九省的铁路干线。北起北京西站，南至香港红磡站（九龙车站），全线正线长2 397 km。京九铁路对加快革命老区经济发展和促进祖国和平统一具有重要的意义。

自1997年起全国铁路六次大提速，以及2004年颁布《中长期铁路网规划》以来，我国铁路无论是运营里程、运营管理水平，还是线路、信号及机车车辆等技术都获得了飞速的发展。特别是高速铁路方面，取得了重大的成就，已经成为了中国的一张名片。

《中长期铁路网规划》明确提出了“四纵四横”客运专线的建设，设计速度在200 km/h以上。“四纵”包括：北京—上海客运专线，贯通京津至长江三角洲东部沿海经济发达地区；北京—武汉—广州—深圳客运专线，连接华北和华南地区；北京—沈阳—哈尔滨（大连）客运专线，连接东北和关内地区；杭州—宁波—福州—深圳客运专线，连接长江、珠江三角洲和东南沿海地区。“四横”包括：徐州—郑州—兰州客运专线，连接西北和华东地区；杭州—南昌—长沙客运专线，连接华中和华东地区；青岛—石家庄—太原客运专线，连接华北和华东地区；南京—武汉—重庆—成都客运专线，连接西南和华东地区所示。

图1.8 大秦铁路重载列车

2005年6月动工建设的石太高速铁路标志着我国正式进入高速客运专线铁路的建设阶段。2008年8月，京津城际列车正式运营，成为我国内地第一条设计速度达到350 km/h的高速铁路。2011年6月通车运营的京沪高铁是连接北京与上海的高速铁路，全长1 318 km，共24个车站，设计速度350 km/h。京沪高铁是我国最繁忙的高铁线路。2017年12月通车运营的石济高速铁路标志着我国“四纵横四横”高速铁路网完美收官，并向“八纵八横”的目标迈进。

截至2020年末，全国铁路营业里程达到14.63万km，位居世界第二，其中，高铁里程超过3.8万km，位居世界第一。复线率59.5%；电化率72.8%；西部地区铁路营业里程5.9万km。全国铁路路网密度152.3 km/万km^2。国家铁路营业里程12.8万km，复线率61.6%；电化率74.9%。全国铁路机车拥有量为2.2万台，其中，内燃机车0.8万台，电力机车1.38万台。全国铁路客车拥有量为7.6万辆，其中，动车组3 918标准组、31 340辆。全国铁路货车拥有量为91.2万辆。国家铁路机车拥有量为2.1万台，其中内燃机车0.76万台，电力机车1.34万台。国家铁路客车拥有量为7.5万辆，其中，动车组3 828标准组共30 620辆；国家铁路货车拥有量为85.7万辆。

1.3.2 我国城市轨道交通发展历程

1899年修建的位于北京郊区马家堡火车站至永定门的有轨电车，是我国最早的城市轨道交通，随后，香港、天津、上海、大连等城市相继修建了有轨电车。在20世纪中期，线路相继被拆除，仅香港、大连等少数线路被保存下来。近年来，有轨电车又重回人们的视野，据中国城市轨道交通协会统计，截至2020年末，共有北京、上海、沈阳、武汉等18个城市开通了现代有轨电车。

我国地铁建设起步较晚，1969年10月通车运行的北京地铁1号线是我国第一条地铁，从北京火车站至苹果园，全长23.6 km，车站17座，采用明挖法。经过50余年的发展，尤其是21世纪以来，随着我国经济的发展及城市化进程的加快，城市公共交通亟待改善，国家和各大城市在政策及投资上均积极鼓励修建地铁，我国地铁进入了高速发展期。据中国城市轨道交通协会统计，截至2020年末，中国大陆地区已有38座城市开通了地铁，总里程6280.8 km，占城市轨道交通运营线路总里程的78.81%。除地铁外，我国还有7种制式的轨道交通系统，其中，轻轨217.6 km，跨座式单轨98.5 km，市域快轨819.6 km，现代有轨电车464.6 km，磁浮交通57.7 km，自导向轨道系统10.2 km，电子导向胶轮系统20.7 km。

1. 北京地铁

截至2020年末，北京共有20条地铁运营线路，总里程653 km，市域快轨115.3 km，有轨电车20.8 km，磁浮交通10 km，车站382座（包括换乘站62座）。地铁4号线、大兴线、14号线和16号线由北京京港地铁有限公司运营，其他地铁线路由北京地铁运营有限公司运营。北京轨道交通系统在城市公共交通中发挥了重要的作用，据中国城市轨道交通协会统计，2020年北京地铁客运总量达22.9亿人次。据《北京市城市轨道交通第二期建设规划（2015—2021年）》，至2021年，北京将形成27条运营线路、总长998.5 km的轨道交通网络。

2. 上海地铁

上海地铁1号线一期（锦江乐园站至上海火车站站）于1995年通车运营，全长16 km，使上海地铁成为我国内地继北京、天津后第三个投入运营的城市轨道交通系统。截至2020年末，上海共有16条地铁运营线路，总里程693.8 km，市域快轨56 km，有轨电车49 km，磁浮交通29.1 km，自导向轨道系统6.3 km，车站432座（包括换乘站65座）。据中国城市轨道交通协会统计，2020年上海地铁客运总量达28.4亿人次。据《上海市城市轨道交通第三期建设规划（2018—2023年）》，将新建、扩建6条地铁线，共131.3 km，规划2030年约有1 055 km的地铁里程。此外，上海磁浮列车示范运营线是世界上第一条商业化运营的磁悬浮列车专线，设龙阳路站和浦东机场站2个车站。

3. 天津地铁

天津地铁1号线于1984年12月正式通车运营，是我国内地继北京之后第二个拥有地铁的城市。截至2020年末，天津已开通5条地铁线路，运营里程178.6 km，轻轨52.3 km，有轨电车7.9 km，车站157座（包括换乘站15座）。2007年通车运营的天津开发区导轨电车1号线是胶轮导向现代有轨电车。据中国城市轨道交通协会统计，2020年天津地铁客运总量达3.4亿人次。目前正在建设6号线二期、4号线南段、10号线、7号线、11号线、4号线北段、8号线市区段和滨海新区B1、Z4线9条线段，在建里程225 km。

4．香港地铁

香港第一条地铁（石硖尾至观塘段）于1979年通车运行，成为我国第二个拥有地铁的城市。2007年12月，地铁公司与九广铁路公司的车务运作正式合并，成立为港铁公司，截至2020年末，港铁公司运营总里程236.9 km（港铁、机场快线及轻铁），车站共95座，2020年客运总量达19.1亿人次。香港地铁是世界上最繁忙的地铁之一，港铁公司采用“铁路+物业”的模式，进行铁路、商业和物业的综合发展，具有强大盈利能力。

5．广州地铁

广州地铁1号线于1997年6月通车运营，截至2020年末，广州共有13条地铁线路，总里程505.7 km，有轨电车22 km，自导向轨道系统3.9 km，车站277座（包括换乘站35座）。据中国城市轨道交通协会统计，2020年总客运量达24.2亿人次，线网平均客运强度1.19万人次/公里日，线路最高日客运量262.7万人次，均为2020年最高水平。据《广州市城市轨道交通第三期建设规划（2017—2023年）》，广州市远景规划23条地铁线路，总里程约1 025 km，设车站481座。

6．沈阳地铁

沈阳地铁1号线于2010年通车运行，截至2020年末，沈阳共有4条地铁线路，总里程114.1 km，另外沈阳市现代有轨电车比较发达，沈阳浑南现代有轨电车共6条线路，总里程97.4 km，共设157座车站（包括换乘站13座）。据中国城市轨道交通协会统计，2020年沈阳地铁客运总量达3.16亿人次。据《沈阳市城市轨道交通第三期建设规划（2019—2024年）》，沈阳市将建设1号线东延、2号线南延、3号线一期、6号线一期共4个项目，总长度103.68 km。项目建成后，沈阳市将形成约267 km的轨道交通网络。

1.4 我国轨道交通发展展望

1.4.1 我国铁路发展展望

1．总体目标

2004年1月7日，国务院讨论通过了《中长期铁路网规划》（以下简称《规划》），制定了到2020年的铁路发展规划，全国铁路营业里程达10万km，主要繁忙干线实现客货分线，复线率和电化率均达到50%，运输能力满足国民经济和社会发展需要，主要技术装备达到或接近国际先进水平。为适应我国经济社会发展的需要，更好地推进铁路建设，《规划》经过了2008年及2016年两次调整。

《中长期铁路网规划（2016—2030）》调整为到2020年，一批重大标志性项目建成投产，铁路网规模达到15万km，其中高速铁路3万km，覆盖80%以上的大城市，为完成“十三五”规划任务、实现全面建成小康社会目标提供有力支撑。到2025年，铁路网规模达到17.5万km左右，其中高速铁路3.8万km左右，网络覆盖进一步扩大，路网结构更加优化，骨干作用更加显著，更好发挥铁路对经济社会发展的保障作用。到2030年，基本实现内外互联互通、区际多路畅通、省会高铁连通、地市快速通达、县域基本覆盖。

① 完善广覆盖的全国铁路网。连接20万人口以上城市、资源富集区、货物主要集散地、主要港口及口岸，基本覆盖县级以上行政区，形成便捷高效的现代铁路物流网络，构建全方位的开发开放通道，提供覆盖广泛的铁路运输公共服务。

② 建成现代的高速铁路网。连接主要城市群，基本连接省会城市和其他50万人口以上大中城市，形成以特大城市为中心覆盖全国、以省会城市为支点覆盖周边的高速铁路网。实现相邻大中城市间1～4 h交通圈，城市群内0.5～2 h交通圈。提供安全可靠、优质高效、舒适便捷的旅客运输服务。

③ 打造一体化的综合交通枢纽。与其他交通方式高效衔接，形成系统配套、一体便捷、站城融合的铁路枢纽，实现客运换乘“零距离”、物流衔接“无缝化”、运输服务“一体化”。

2．高速铁路网

为满足快速增长的客运需求，优化拓展区域发展空间，以“四纵四横”高速铁路为基础，构建以“八纵八横”主通道为骨架、区域连接线衔接、城际铁路补充的高速铁路网，实现省会城市高速铁路通达、区际之间高效便捷相连。

因地制宜、科学确定高速铁路建设标准。高速铁路主通道规划新增项目原则采用时速250 km及以上标准（地形地质及气候条件复杂困难地区可以适当降低），其中沿线人口城镇稠密、经济比较发达、贯通特大城市的铁路可采用时速350 km标准。区域铁路连接线原则采用时速250 km及以下标准。城际铁路原则采用时速200 km及以下标准。

1）构筑“八纵八横”高速铁路主通道

“八纵”通道包括：沿海通道、京沪通道、京港（台）通道、京哈—京港澳通道、呼南通道、京昆通道、包（银）海通道、兰（西）广通道。

“八横”通道包括：绥满通道、京兰通道、青银通道、陆桥通道、沿江通道、沪昆通道、厦渝通道、广昆通道。

2）拓展区域铁路连接线

在“八纵八横”主通道的基础上，规划建设高速铁路区域连接线，进一步完善路网、扩大覆盖。东部地区：北京—唐山、广州—汕尾等铁路；东北地区：齐齐哈尔—乌兰浩特—白城—通辽、朝阳—盘锦等铁路；中部地区：郑州—阜阳、郑州—濮阳—聊城—济南等铁路；西部地区：玉屏—铜仁—吉首、绵阳—遂宁—内江—自贡等铁路。

3）发展城际客运铁路

在优先利用高速铁路、普速铁路开行城际列车服务城际功能的同时，规划建设支撑和引领新型城镇化发展、有效连接大中城市与中心城镇、服务通勤功能的城市群城际客运铁路。

京津冀、长三角、珠三角、长江中游、成渝、中原、山东半岛等城市群，建成城际铁路网；海峡西岸、哈长、辽中南、关中、北部湾等城市群，建成城际铁路骨架网；滇中、黔中、天山北坡、宁夏沿黄、呼包鄂榆等城市群，建成城际铁路骨干通道。

3. 普速铁路网

扩大中西部路网覆盖，完善东部网络布局，提升既有路网质量，推进周边互联互通，形成覆盖广泛、内联外通、通边达海的普速铁路网，提高对扶贫脱贫、地区发展、对外开放、国家安全等方面的支撑保障能力。到2025年，普速铁路网规模达到13.1万km左右，并规划实施既有线扩能改造2万km左右。

1）形成区际快捷大能力通道

推进普速干线通道瓶颈路段、卡脖子路段及关键环节建设，形成跨区域、多径路、便捷化大能力区际通道。结合新线建设和实施既有铁路扩能，强化集装箱、快捷、重载等运输网络，形成高效率的货运物流网，提高路网整体服务效率，扩大有效供给。构建京津冀—东北通道、京津冀—长三角、海峡西岸通道、京津冀—珠三角、北部湾通道等12条通道。同时，构建西煤东运、北煤南运、海（江）铁联运大通道，完善煤炭集疏运系统，提升煤运通道能力。

2）面向“一带一路”国际通道

推进我国与周边互联互通，完善口岸配套设施，强化沿海港口后方通道。规划建造西北方向：克拉玛依—塔城（巴克图）、喀什—伊尔克什坦等铁路；西南方向：芒市—猴桥、日喀则—吉隆等铁路；东北方向：伊尔施—阿日哈沙特、海拉尔—黑山头等铁路；沿海方向：以沿海城市及重要港口为支点，畅通港口城市后方铁路通道及集疏运体系，构建连接内陆、铁海联运的国际交通走廊。

3）促进脱贫攻坚和国土开发铁路

扩大路网覆盖面。建设安康—恩施—张家界、赣州—郴州—永州—兴义、泸州—遵义等铁路；完善进出西藏、新疆通道；促进沿边开发开放。

4）强化铁路集疏运系统

以资源富集区、主要港口及物流园区为重点，规划建设地区开发性铁路以及疏港型、园区型等支线铁路，形成干支有效衔接、促进多式联运的现代铁路集疏运系统，畅通铁路运输的“最先一公里”和“最后一公里”。

1.4.2 我国城市轨道交通发展展望

随着我国经济的发展以及城市化进程的不断加快，特大城市人口不断增长，市区规模越来越大，城市交通面临着越来越大的压力，尤其是上下班高峰期的交通拥堵情况十分严重。作为一种大中运量、快速的公共交通方式，城市轨道交通是解决特大城市交通拥堵的重要途径。2010年末，我国内地共有北京、上海等13个城市开通城市轨道交通运营线路51条，总里程约1 500 km；截至2020年末，已发展为45个城市，总里程达7 969.7 km。我国城市轨道交通已经进入了快速发展阶段，且大规模的城市轨道交通建设持续推进，发展前景广阔。

1. 建设类型多样化

目前，我国城市轨道交通建设以地铁建设为主。2018年7月出台的《国务院办公厅关于进一步加强城市轨道交通规划建设管理的意见》对地铁建设的要求进行了严格的修订：一般公共财政预算收入应在300亿元以上，地区生产总值在3 000亿元以上，市区常住人口在300万人以上。而轻轨建设的要求为地铁的一半，有轨电车的建设要求更低。许多大城市开始重新修建成本较低的轻轨、有轨电车，如沈阳、重庆、珠海、东莞等城市。随着规划管理的日益完善，新建线路须选择合理的轨道交通系统制式，达到经济适用的目的。

2. 线路网络化

北京、上海、广州等特大城市的城市轨道交通经过多年的发展建设，初步形成了城市轨道交通网络，并不断扩展、优化，其他符合轨道交通建设的城市也都制订了各自城市的交通网络发展规划。在京津冀、长三角、粤港澳等经济特别发达的地区，为了加强地区各城市轨道交通领域的互联互通，开始采用城市轨道交通的规划建设理念进行城际轨道交通的规划建设，有望建成地区轨道交通网络化。网络化的交通线路对缓解交通拥堵状况、方便人们的出行具有重要的作用，但也给运营组织、管理体制、系统兼容、资源共享等带来了巨大的挑战。

3. 技术不断进步

早期，许多城市轨道交通系统的车辆、信号系统、盾构设备是从国外引进的，这导致建设成本及运营成本很高。随着我国技术的不断进步，盾构机已实现国产化；自2004年确定了铁路技术装备现代化“引进先进技术，联合设计生产、打造中国品牌”的总体方针，我国的动车组和机车车辆技术、通信信号技术等达到了世界先进水平；运营管理水平不断提高。这对形成我国完善的城市轨道交通技术标准体系，降低城市轨道交通建设运营成本，促进我国城市轨道交通领域健康快速发展具有重要的意义。

4. 投资多元化

城市轨道交通具有前期投资大、投资回收期长、运营成本高、社会效益远远大于经济效益等特点，基本处于亏损状态。资金来源以政府财政投资为主，随着城市轨道交通的大规模发展，地方政府面临巨大的财政压力。为了缓解财政压力，逐步开始积极引入社会投资，鼓励开展多元化经营，开展城市轨道交通领域政府和社会资本合作（PPP），典型代表为港铁公司与北京、深圳等城市的合作，如：北京京港地铁运营的北京4、14、16号线，港铁轨道交通（深圳）有限公司运营的深圳4号线。

第 2 章　轨道交通土建工程

2.1　土建工程材料

2.1.1　概述

工程中所使用的各种材料及制品统称为工程材料，它是构成各种工程建筑物的物质基础。

1．材料的分类

工程材料种类繁多，性能各异，用途不一，可按不同原则进行分类。

1）按化学成分分类

工程材料按化学成分可分为无机材料、有机材料和复合材料三大类，各大类中又可进行更细的分类。

2）按使用性能分类

通常分为承重结构材料、非承重结构材料及功能材料三大类：

① 承重结构材料，主要指梁、板、柱、基础、墙体和其他受力构件所用的工程材料。最常用的有钢材、混凝土、砖、砌块、石材等。

② 非承重结构材料，主要包括框架结构的填充、内隔墙和其他围护材料等。

③ 功能材料，主要有防水材料、防火材料、装饰材料、保温材料、吸声（隔声）材料、采光材料、防腐材料等。

3）按材料来源分类

根据材料来源，可分为天然材料和人造材料。

2．材料在工程中的地位

工程材料在工程中有着举足轻重的地位。

第一，工程材料是一切工程的物质基础，在工程中用量巨大，材料的费用占工程总造价的50%左右，有的高达70%。因此，从工程技术经济及可持续发展的角度来看，正确选择和使用材料，在工程建设中对于创造良好的经济效益与社会效益具有十分重要的意义。

第二，材料与建筑结构的设计和施工之间存在着相互促进、相互依存的密切关系。建筑材料的更新是新型结构出现与发展的基础，而新型结构的出现又是新材料出现的驱动力。

第三，构筑物的功能和使用寿命在很大程度上取决于工程材料的性能。如装饰材料的装饰效果、钢材的锈蚀、混凝土的劣化、防水材料的老化问题等，无一不是材料的问题，也正是这些材料特性构成了构筑物的整体性能。

第四，建设工程的质量在很大程度上取决于材料的质量控制。质量是工程建设中追求的第一目标，而工程质量的优劣与所采用材料的质量水平以及使用的合理与否具有直接联系。在材料的选择、生产、储运、使用和检验评定过程中，任何环节的失误，都可能导致工程的质量事故。事实上，国内外工程建设中的质量事故，绝大部分都与材料的质量缺陷相关。

第五，构筑物的可靠度评价在很大程度上依存于材料可靠度评价。材料信息参数是构成构件和结构性能的基础。

因此，正确选择和合理使用工程材料，对整个工程的安全、实用、美观、耐久及造价有着重大意义。

2.1.2 砂、石

1. 砂

砂一般分为天然砂和人工砂两类。天然砂是由天然岩石经长期风化、水流搬运和分选等自然条件作用而形成的，粒径在4.75 mm以下的岩石颗粒。按其产源不同可分为河砂、湖砂、海砂及山砂，其中河砂的综合性质最好，是工程中用量最多的砂。人工砂是由岩石轧碎而成，由于其成本高，片状及粉状物多，一般不用。砂是混凝土和砂浆的主要组成材料之一。

2. 石

天然岩石是最古老的建筑材料之一。世界上许多著名的古建筑是由天然石材建造而成的，如古埃及的金字塔，意大利的比萨斜塔，我国的万里长城、赵州桥等。天然石材蕴藏丰富，分布广泛，便于就地取材，具有抗压强度高、耐久性和耐磨性好、装饰性美观等优点，广泛应用于工程建设中。

1）天然岩石的分类

天然石材根据岩石的成因可分为火成岩、沉积岩和变质岩。

火成岩又称岩浆岩，是由地壳内部熔融岩浆上升冷却而成的岩石，根据冷却条件的不同，可分为深成岩、喷出岩、火山岩。常用的火成岩石材有花岗岩、正长岩、辉绿岩、玄武岩、凝灰岩等。

沉积岩是地表岩石经长期风化后，成为碎屑颗粒状或粉尘状，经风或水的搬运，通过沉积和再造作用而形成的岩石。可分为机械沉积岩、化学沉积岩和生物沉积岩。常用的沉积岩石材有石灰岩、砂岩、白云岩等。

变质岩是由于强烈的地质活动，在高温和高压下，矿物再结晶或生成新矿物，使原来岩石的矿物成分及构造发生显著变化而形成的一种新岩石。常用的变质岩石材有大理岩、石英岩、片麻岩等。

2）石材的应用

工程中使用的天然岩石常加工成块状、板状、散粒状及特殊形状的制品。常用的有毛石、料石、板材、颗粒状石料。

（1）毛石

毛石是在采石场爆破后直接得到的形状不规则的石块，主要用于砌筑建筑物基础、勒脚、墙身、挡土墙、堤岸及护坡，还可用作毛石混凝土的集料。

（2）料石

料石是指以人工斩凿或机械加工而成的形状比较规则的六面体石块，按其表面加工的平整程度可分为毛料石、粗料石、半细料石和细料石。料石常用于建筑物的基础、勒脚、墙身等部位，半细料石和细料石主要用作镶面材料。

（3）板材

板材是用致密的岩石凿平或锯切而成的一定厚度的石材。常作为建筑装饰工程中墙面和地面的装饰材料。

（4）颗粒状石料

颗粒状石料有碎石、卵石和石渣。

天然岩石经人工或机械破碎而成的粒径大于4.75 mm的颗粒状石料称为碎石。除用作混凝土粗骨粒外，还用作路桥工程、铁道工程、基础等的垫层。

卵石是母岩经自然条件风化、磨蚀、冲刷等作用形成的表面较光滑的颗粒状石料，用途和碎石相同，还可用于装饰混凝土的集料和园林、庭院路面的铺砌材料。

石渣是用天然大理石、花岗岩等残碎料加工而成的，作为骨料主要用于人造大理石、水磨石、水刷石、干粘石、斩假石等。

2.1.3　钢材

钢材是最重要的建筑材料之一，它广泛应用于铁路、桥梁、建筑工程等各种结构工程中，在国民经济建设中发挥着重要作用。工程所用的钢材是指用于钢筋混凝土中的各种钢筋和钢丝，用于钢结构的各种型钢、钢板和钢管，以及用于围护结构和装修工程中的各种深加工钢板和复合板等。建筑钢材具有一系列优良的性能，强度高，塑性和韧性好，抗疲劳性能好，能承受冲击和振动荷载，易于加工和装配，可采用焊接、铆接或螺栓连接等。但是钢材也存在易锈蚀和耐火性差的缺点。

1. 钢材的分类

钢的品种繁多，可按不同的角度分类。

钢的基本成分是铁和碳，此外还有某些合金元素和杂质元素。钢材按化学成分分为碳素钢和合金钢。

碳素钢根据含碳量的多少可分为低碳钢（含碳量小于0.25%）、中碳钢（含碳量0.25%～0.6%）和高碳钢（含碳量大于0.6%）。通常，随着含碳量的提高，钢材的强度和硬度增大，但其塑性和韧性则会降低。

按合金元素的总含量可分为低合金钢（合金元素含量小于5%）、中合金钢（合金元素含量为5%～10%）和高合金钢（合金元素含量大于10%）。

2. 钢材的主要性能

钢材的主要性能包括力学性能和工艺性能。力学性能是钢材最重要的使用性能。

1）钢材的力学性能

钢材的力学性能主要有抗拉性能、冲击韧性、硬度和抗疲劳性能。

（1）抗拉性能

抗拉性能是钢材的重要性能之一。由拉力试验测定的屈服点、抗拉强度和伸长率是钢材抗拉性能的主要技术指标。钢材的抗拉性能可通过低碳钢受拉时的应力-应变曲线阐明。曲线可划分为弹性阶段、弹塑性阶段、塑性阶段和应变强化阶段，超过最高点后试件产生颈缩和断裂。

（2）冲击韧性

冲击韧性是指钢材抵抗冲击荷载的能力。冲击韧性指标是通过标准试件的弯曲冲击韧性试验确定的。它是将具有规定形状和尺寸并带有V形缺口的标准试件，在摆锤式试验机上进行冲击弯曲试验，并以试件冲断时缺口处单位面积上所消耗的功来表示，消耗的功越大，钢材的冲击韧性越好。

（3）硬度

硬度是指金属材料抵抗硬物压入表面局部体积的能力。亦即材料表面抵抗塑性变形的能力。测定钢材硬度的方法有布氏法、洛氏法和维氏法。

（4）耐疲劳性能

钢材在交变荷载反复多次作用下，往往在应力远低于抗拉强度时发生断裂，这种现象称为钢材的疲劳破坏。钢材的疲劳破坏指标用疲劳强度（疲劳极限）来表示，它是指试件在交变应力的作用下，于规定的周期基数内不发生断裂所能承受的最大应力。

2）钢材的工艺性能

钢材的工艺性能主要有焊接性能、冷弯性能。

（1）焊接性能

焊接是钢结构的主要连接方式。可焊性好的钢材易于用一般焊接方法和工艺施焊，焊口处不易形成裂纹、气孔、夹渣等缺陷，焊接后钢材的力学性能，特别是强度不低于原有钢材。

（2）冷弯性能

冷弯性能是指钢材在常温下承受弯曲变形的能力，是建筑钢材的重要工艺性能。钢材的冷弯性能指标以试件被弯曲的角度和弯心直径对试件厚度（或直径）的比值来表示。试验时采用的弯曲角度越大，弯心直径对试件厚度（或直径）的比值越小，表示对冷弯性能的要求越高。冷弯检验的方法是按规定的弯曲角和弯心直径进行试验，试件的弯曲处不发生裂缝、断裂或起层，即认为冷弯性能合格。

3．钢材的品种及选用

钢结构构件一般应直接选用各种型钢。型钢之间可直接连接或附加连接钢板进行连接。连接方式可铆接、焊接或螺栓连接。钢材类型主要是型钢和钢板。

钢筋混凝土用的钢材主要指钢筋和钢丝，其材质主要是由碳素结构钢和低合金结构钢轧制而成的。依据生产工艺性能和用途的不同，可分为下列各类。

1）热轧钢筋

热轧钢筋是建筑工程中用量最大的钢材品种之一，主要用于钢筋混凝土结构和预应力钢筋混凝土结构的配筋。热轧钢筋按其轧制外形分为热轧光圆钢筋和热轧带肋钢筋。其中，光圆钢筋有直条钢筋和盘条钢筋。依据热轧钢筋的屈服强度、抗拉强度、伸长率及冷弯性能等技术指标分别划分为Q215、Q235、R235、HRB335、HRB400和HRB500等不同强度等级的钢筋。根据《钢筋混凝土用热轧光圆钢筋》（GB/T 1499.1—2017）和《钢筋混凝土用热轧带肋钢筋》（GB/T 1499.2—2018），热轧钢筋的力学性能和工艺性能应符合表2.1的规定。

表2.1　热轧钢筋的性能要求

外　形	强度等级	公称直径 /mm	屈服点 /MPa	抗拉强度 /MPa	伸长率 /%	冷弯性能
			不小于			
圆形光面	Q215	6 ～ 10	215	375	27	d=0
	Q235	6 ～ 10	235	410	23	d=0.5a
	R235	8 ～ 20	235	370	25	180°，d=a
圆形带肋	HRB335	6 ～ 25	335	490	16	93°，d=3a
		28 ～ 40				93°，d=4a
	HRB400	6 ～ 25	400	570	14	93°，d=4a
		28 ～ 50				93°，d=5a
	HRB500	6 ～ 25	500	630	12	93°，d=6a
		28 ～ 50				93°，d=7a

注：d表示弯心直径；a表示钢筋直径。

带肋热轧钢筋的强度较高，塑性及焊接性也较好，广泛用作大、中型钢筋混凝土结构的受力钢筋以及预应力钢筋。

2）冷拉钢筋

为了提高强度以节约钢筋，工程中常按施工规程对热轧钢筋进行冷拉处理。冷拉钢筋经时效处理后，钢筋的强度提高，但塑性、韧性降低。因此，冷拉钢筋不宜用于受冲击或重复荷载作用的结构。

3）冷轧带肋钢筋

冷轧带肋钢筋采用热轧圆盘条经冷轧而成，表面带有沿长度方向均匀分布的二面或三面的月牙肋。冷轧带肋钢筋是采用冷加工方法强化的典型产品，冷轧后强度明显提高，但塑性降低，屈强比变小。这类钢筋适用于中、小预应力混凝土结构构件和普通钢筋混凝土结构构件。

4）预应力混凝土用热处理钢筋

热处理钢筋是由普通热轧中碳低合金钢筋经淬火和回火调质处理后的钢筋。通常直径有6 mm、8.2 mm、10 mm三种规格。预应力混凝土用热处理钢筋按外形分为有纵肋和无纵肋两种，但都有横肋。热处理钢筋不能用电焊切断，也不能焊接，以免引起强度下降或脆断，适用于预应力混凝土结构。

5）预应力混凝土用钢丝和钢绞线

预应力混凝土用钢丝是采用优质碳素钢或其他性能相应的钢种，经冷加工及时效处理或热处理而制成的高强度钢丝。若将两根、三根或七根圆形断面的钢丝捻成一束，经过消除内应力的热处理后就制成了预应力混凝土用钢绞线。预应力钢丝、钢绞线等均属于冷加工强化及热处理钢材，其抗拉强度远远超过热轧钢筋和冷轧钢筋，并具有较好的柔韧性，应力松弛率低。适用于大跨度、重负荷的预应力钢筋混凝土结构。

2.1.4 石灰、水泥、砂浆

1. 石灰

石灰是以碳酸钙为主要成分的石灰石为原料，经高温煅烧所得的以氧化钙为主要成分的产品。石灰的生产工艺简单，成本低廉，原料分布广，在工程中用途十分广泛。因此，它是目前工程中应用历史最久和应用量最大的传统胶凝材料之一。

建筑工程中常用的石灰类型主要有块状生石灰、生石灰粉、消石灰粉及石灰膏等。

在使用石灰时，将生石灰加水，使之消解为熟石灰（氢氧化钙）的过程，称为石灰的“消化”或“熟化”。石灰必须在充分熟化后方能使用，否则未熟化颗粒在使用后继续熟化，体积随之膨胀，严重影响施工质量。

石灰浆体在空气中逐渐硬化，包含干燥、结晶和碳化三个交错进行的过程。干燥时，石灰浆体多余水分蒸发或被砌体吸收获得一定的强度。随着水分继续蒸发，氢氧化钙逐渐从溶液中结晶出来，使强度继续增加。氢氧化钙吸收空气中的二氧化碳，生成碳酸钙结晶，使强度进一步提高。

石灰在工程中的应用很广，用石灰可配置石灰土和三合土，广泛用于建筑物的地基基础和各种垫层；配置石灰乳和砂浆，应用于粉刷、砌筑和抹灰工程；与各种硅质材料配置各种硅酸盐制品；掺入玻璃纤维、植物纤维等，采用人工碳化的方法制成碳化石灰板，用作建筑物的隔墙、顶棚、吸声板等。

2．水泥

水泥是水硬性胶凝材料，粉末状的水泥与水混合后，经过一系列的物理、化学过程，能够在空气中或水中凝结硬化，并能把砂石等材料胶结成整体。水泥是目前工程建设中最重要的材料之一，广泛应用于建筑、交通、水利、矿山和国防等建设中，是制造混凝土、钢筋混凝土、预应力混凝土构件最基本的组成材料。

1）水泥的种类

（1）按其主要水硬性物质名称分类

可以分为硅酸盐水泥、铝酸盐水泥、氟铝酸盐水泥、硫铝酸盐水泥、铁铝酸盐水泥和其他以火山灰质材料、潜在水硬性材料或其他活性材料为主要组分的水泥。其中，硅酸盐水泥应用最广泛。

（2）按其用途和性能分类

可以分为通用水泥、专用水泥和特性水泥。

通用水泥指一般工程中常用的水泥，如硅酸盐水泥、普通硅酸盐水泥、矿渣硅酸盐水泥、火山灰质硅酸盐水泥、粉煤灰硅酸盐水泥和复合硅酸盐水泥等。

专用水泥指专门用途的水泥，如道路硅酸盐水泥、砌筑水泥、水工硅酸盐水泥等。

特性水泥指某种性能比较突出的水泥，如快硬硅酸盐水泥、铝酸盐水泥、白色和彩色硅酸盐水泥、膨胀水泥和自应力水泥等。

2）通用水泥

通用硅酸盐水泥是以硅酸盐水泥熟料和适量石膏的混合材料制成的水硬性胶凝材料。通用硅酸盐水泥是我国广泛使用的水泥品种，对于这些水泥可参照表2.2选择使用。

表2.2　通用硅酸盐水泥的选用

混凝土工程及环境特点			优先选用	可以选用	不宜选用
普通混凝土	1	在一般环境中的混凝土	普通硅酸盐水泥	矿渣硅酸盐水泥； 火山灰质硅酸盐水泥； 粉煤灰硅酸盐水泥； 复合硅酸盐水泥	—
	2	在干燥环境中的混凝土	普通硅酸盐水泥	矿渣硅酸盐水泥	火山灰质硅酸盐水泥； 粉煤硅酸盐水泥
	3	在高温环境中或长期处于水中的混凝土	矿渣硅酸盐水泥； 火山灰质硅酸盐水泥； 粉煤灰硅酸盐水泥； 复合硅酸盐水泥	普通硅酸盐水泥	硅酸盐水泥
	4	厚大体积混凝土	矿渣硅酸盐水泥； 火山灰质硅酸盐水泥； 粉煤灰硅酸盐水泥； 复合硅酸盐水泥	—	—

续表

混凝土工程及环境特点			优先选用	可以选用	不宜选用
有特殊要求的混凝土	1	要求快硬，高强的混凝土（强度等级为C40以上）	硅酸盐水泥	普通硅酸盐水泥	矿渣硅酸盐水泥； 火山灰质硅酸盐水泥； 粉煤灰硅酸盐水泥； 复合硅酸盐水泥
	2	严寒地区的露天混凝土（高寒地区处于水位升降范围的混凝土）	普通硅酸盐水泥	矿渣硅酸盐水泥（强度等级为32.5以上）	火山灰质硅酸盐水泥； 粉煤灰硅酸盐水泥
	3	严寒地区处于水位升降范围的混凝土	普通硅酸盐水泥（强度等级为42.5以上）	—	—
	4	有抗渗要求的混凝土	普通硅酸盐水泥； 火山灰质硅酸盐水泥	—	矿渣硅酸盐水泥
	5	有耐磨要求的混凝土	硅酸盐水泥； 普通硅酸盐水泥	矿渣硅酸盐水泥（强度等级为32.5以上）	火山灰质硅酸盐水泥； 粉煤灰硅酸盐水泥
	6	受侵蚀介质作用的混凝土	矿渣硅酸盐水泥； 火山灰质硅酸盐水泥； 粉煤灰硅酸盐水泥； 复合硅酸盐水泥	—	硅酸盐水泥

3. 砂浆

砂浆是由胶凝材料、细集料、掺合料和水按适当比例配制而成的工程材料。主要用于砌筑、抹面、修补、装饰工程。根据用途，砂浆可以分为砌筑砂浆、抹面砂浆和特种砂浆等。

1）砌筑砂浆

将砖、石及砌块黏结成为砌体的砂浆，称为砌筑砂浆。它起着黏结砌块、传递荷载的作用，是砌体的重要组成部分。

砂浆的强度等级是以70.7 mm × 70.7 mm × 70.7 mm的立方体试块按标准养护条件养护28天的抗压强度确定的，强度等级分为M2.5、M5、M7.5、M10、M15、M20六个等级。

2）抹面砂浆

凡粉刷在工程的建筑物或构件表面的砂浆，统称为抹面砂浆。对抹面砂浆，要求具有良好的和易性，容易抹成均匀平整的薄层，便于施工，也应具有较高的粘结力，保证砂浆与底面粘结牢固，防止开裂或脱落。

抹面砂浆按功能的不同，分为普通抹面砂浆、装饰砂浆和防水砂浆。

（1）普通抹面砂浆

普通抹面砂浆是建筑工程中普遍使用的砂浆，具有保护建筑物、装饰建筑物及建筑环境的效果。抹面砂浆一般分两层或三层施工，三层施工时分为底层、中层和面层。底层抹灰的作用是使砂浆与底面能牢固地黏结，要求砂浆具有良好的和易性、黏结力和保水性。中层抹灰是为了找平，有时可省去。面层抹灰要达到平整美观的效果，要求砂浆细腻抗裂。

（2）装饰砂浆

粉刷在建筑物内、外表面，具有美化装饰、改善功能、保护建筑物功能的抹面砂浆称为装饰砂浆。装饰砂浆施工时，底层和中层的抹面砂浆与普通抹面砂浆基本相同，不同的是装饰砂浆的面层要采用特殊的施工操作工艺，选用有颜色的胶凝材料、骨料，使表面呈现出不同的色彩、质地、花纹和图案等装饰效果。

（3）防水砂浆

制作砂浆防水层所采用的砂浆，称为防水砂浆。砂浆防水层仅适用于不受震动和具有一定刚度的混凝土及砖石砌体工程。

2.1.5　混凝土

混凝土是工程中用量最大的材料之一。它是由胶凝材料、骨料和水按适当比例配合、拌制成混合料，经一定时间硬化而成的人造石材。混凝土在凝结前具有良好的可塑性，可制成各种截面形状和尺寸的结构构件；它与钢筋有牢固的粘结力，能制作钢筋混凝土结构和构件；经硬化后有抗压强度高与耐久的特性；其组成材料中，砂、石等材料占80%以上，取材方便，经济实用，因此，在工程中得到广泛的应用。混凝土也存在一些缺点，如自重大、抗拉强度低、容易开裂等。

1. 混凝土的种类

混凝土的种类很多，按表观密度分类，混凝土可以分为重混凝土（ρ>2 600 kg/m^3）、普通混凝土（1 950 kg/m^3≤ρ≤2600 kg/m^3）、轻混凝土（ρ<1 950 kg/m^3）。按用途分类，可以分为结构混凝土、水工混凝土、海洋混凝土、道路混凝土、耐热混凝土、耐酸混凝土、防水混凝土、补偿收缩混凝土、装饰混凝土、防辐射混凝土等。按生产和施工方法分类，可以分为泵送混凝土、预拌（商品）混凝土、喷射混凝土、压力灌浆混凝土、挤压混凝土、离心混凝土、真空吸水混凝土、碾压混凝土等。按强度等级分类，可以分为低强混凝土（抗压强度小于30 MPa）、中强混凝土（抗压强度为30～60 MPa）、高强混凝土（抗压强度为60 MPa以上、100 MPa或100 MPa以下）和超高强混凝土（抗压强度在100 MPa以上）等。按所用胶结材料分类，可分为水泥混凝土、沥青混凝土、石膏混凝土及聚合物混凝土等。

2. 普通混凝土

普通混凝土是指以水泥为胶结材料，以砂、石为骨料，加水并掺入适量外加剂和掺合料拌制的混凝土，在实际工程中使用最为普遍。砂、石在混凝土中起骨架作用，水泥和水形成水泥浆，包裹在骨料表面并填充其空隙。在硬化前，水泥浆起润滑作用，赋予拌合物一定的和易性，便于施工。水泥浆硬化后，则将骨料胶结成一个坚实的整体。

1）普通混凝土的组成材料

（1）水泥

水泥是普通混凝土的胶凝材料，它是混凝土中最重要的组分。配制混凝土所用水泥的品种，应根据工程性质、部位、所处环境及施工条件选用。水泥强度等级的选择应与混凝土设计强度等级相适应。原则上是配制高强度等级的混凝土，选用高强度等级的水泥；配制低强度等级的混凝土，选用低强度等级的水泥。

（2）骨料（集料）

混凝土中骨料占总体积的70%～80%，所以对混凝土的性能有重要影响。混凝土中所用的骨料按粒径大小分为细骨料和粗骨料两种。粒径为0.15～4.75 mm的骨料称为细骨料，包括天然砂和人工砂。粒径大于4.75 mm的卵石和碎石，称为粗骨料。

（3）混凝土拌和及养护用水

混凝土拌和用水按水源可以分为饮用水、地表水、地下水、海水及经过适当处理或处置后的工业废水。对混凝土拌和及养护用水的质量要求是：不影响混凝土的和易性及凝结硬化，无损于混凝土强度发展，不降低混凝土耐久性，不加快钢筋锈蚀，不引起预应力钢筋脆断，不污染混凝土表面。

（4）混凝土外加剂

外加剂是在拌制混凝土的过程中加入的用以改善混凝土性能的物质，其掺量一般不大于水泥质量的5%（特殊情况除外）。在混凝土中应用外加剂，可以改善混凝土拌合物的和易性，调节其凝结、硬化性能，提高混凝土强度，改善混凝土物理力学性能与耐久性，可以使混凝土获得某些特殊性能，具有投资少、见效快、技术经济效益显著的特点。混凝土外加剂已成为除水泥、砂、石和水以外，混凝土的第五组分。常用混凝土外加剂品种主要有：减水剂、早强剂、缓凝剂、速凝剂、引气剂、防冻剂、膨胀剂、泵送剂。

（5）混凝土矿物掺合料

矿物掺合料是指在配制混凝土时加入的能改变新拌混凝土和硬化混凝土性能的无机矿物细粉，其掺量通常大于水泥质量的5%。在配制混凝土时加入较大量的矿物掺合料，可改善工作性能，增进后期强度，并可改善混凝土的内部结构，提高混凝土的耐久性和抗腐蚀能力，已成为高性能混凝土的第六组分。常用的有粉煤灰、硅粉、磨细矿渣粉、烧黏土、天然火山灰质材料及磨细自燃煤矸石等，其中粉煤灰的应用最为普遍。

2）普通混凝土的主要技术性质

（1）混凝土拌合物的和易性

和易性是指新拌混凝土在搅拌、运输、浇筑、捣实等施工作业中易于流动变形，并能保持其组成均匀稳定的性能。和易性是一项综合的技术性质，包括流动性、黏聚性和保水性三方面。

流动性是指拌合物在本身或外力作用下产生流动，能均匀密实地填满模板的性能。它主要反映拌合物的稠度。常用坍落度作为评定拌合物流动性的指标。

黏聚性是指拌合物在运输及浇筑过程中具有一定的黏性和稳定性，不会产生分层和离析现象，保持整体均匀的能力。

保水性是指拌合物具有一定的保水能力，不致产生严重的泌水现象。

（2）混凝土的强度

混凝土的强度包括抗压强度、抗拉强度、抗弯强度、抗剪强度等。混凝土的抗压强度最大；抗拉强度最小，仅为抗压强度的1/10～1/20。工程中的混凝土主要承受压力。混凝土强度等级可根据混凝土立方体抗压强度标准值来划分。《混凝土结构设计规范》（GB 50010—2019）将混凝土划分为14个强度等级，即C15、C20、C25、C30、C35、C40、C45、C50、C55、C60、C65、C70、C75、C80。其中C表示混凝土，数字表示混凝土立方体抗压强度标准值。

（3）混凝土的变形

混凝土在硬化和使用过程中，由于受物理、化学及力学等因素的影响，会产生各种变形，这些变形直接影响混凝土的强度和耐久性。混凝土的变形包括非荷载作用下的变形和荷载作用下的变形。非荷载作用下的变形分为混凝土的化学收缩、干湿变形、温度变形；荷载作用下的变形分为短期荷载作用下的变形及长期荷载作用下的变形（徐变）。

（4）混凝土的耐久性

耐久性是指混凝土抵抗环境介质作用，长期保持其良好的使用性能和外观完整性，并维持混凝土结构的安全及正常使用的能力。混凝土的耐久性包括抗渗、抗冻、抗侵蚀、抗碳化、抗碱-集料反应及阻止混凝土中钢筋锈蚀的能力等性能。混凝土的耐久性是混凝土可持续发展面临的一个严重问题。

2.1.6　沥青及沥青混合料

沥青是一种褐色或黑褐色的有机胶凝材料，在建筑、桥梁、公路等工程中有广泛的应用，主要用于生产防水材料和铺筑沥青路面、机场道面等。

1. 沥青材料

沥青材料是由极其复杂的高分子碳氢化合物及其非金属衍生物组成的有机混合物，在常温下，沥青呈固体、半固体或液体，能溶解于汽油、煤油、二硫化碳和苯等。沥青可以分为地沥青和焦油沥青两大类。其中地沥青又可分为天然沥青和石油沥青，石油沥青在我国工程中大量应用；焦油沥青分为煤沥青、木沥青、页岩沥青和泥炭沥青。

1）石油沥青

石油沥青是石油原油经蒸馏等提炼出各种轻质油（如汽油、柴油等）及润滑油以后的残留物或再经加工而得的产品。

（1）石油沥青的组分

石油沥青的组分包括沥青质、树脂（沥青脂胶）、油分。石油沥青中还含有蜡，它是石油沥青的有害成分，会降低石油沥青的粘结性和塑性，温度稳定性差。

（2）石油沥青的应用

石油沥青按用途分为建筑石油沥青、道路石油沥青、防水防潮石油沥青和普通石油沥青。在工程中使用的主要是建筑石油沥青和道路石油沥青。

建筑石油沥青是用于制作建筑防水卷材、防水涂料和沥青嵌缝膏等防水材料的主要原料，其产品主要用于屋面、地下或沟槽防水和防潮，建筑物与管道防腐工程等。

按交通量，道路石油沥青分为重、中、轻交通道路石油沥青。重交通道路石油沥青主要用于高速公路、一级公路路面、机场道面及重要城市道路路面等工程；中、轻交通道路石油沥青主要用于一般的道路路面、车间地面等工程。道路石油沥青还可用作密封材料、黏结剂以及沥青涂料等。

2）改性石油沥青

现代工程中使用的沥青应具有一定的物理性质和黏附性。在低温条件下应有弹性和塑性，在高温条件下要有足够的强度和稳定性，在加工和使用条件下有抗“老化”能力，还应与各种矿料和结构表面有较强的黏附力，以及对变形的适应性和耐疲劳性。单纯的石油沥青难以同时满足这些技术性能的要求。为此，通过在石油沥青中加入天然或人工的有机或无机材料，熔融、分散在沥青中得到的具有良好综合技术性能的石油沥青，才能满足现代工程的技术要求，这些经过性能改进的沥青称为改性沥青。所添加的改性材料称为改性剂，常用的改性材料有橡胶、树脂、矿物填料等。

2. 沥青混合料

沥青混合料是由矿料（粗骨料、细骨料和填料）与沥青拌和而成的混合料，包括沥青混凝土混合料和沥青碎石混合料。沥青混合料是一种黏弹塑性材料，具有优良的物理力学性能（包括抵抗各种荷载的能力、高温稳定性、低温柔韧性、水稳定性等）具有良好的施工和易性，即修筑路面时不需要设置接缝，并且具有减震吸声的效果，从而获得行车舒适的效果；而且施工方便、速度快，能及时开放交通，并可再生利用。因此，它是高等级道路修筑的一种主要路面材料。

2.2 路基

路基是道路结构体的基础，是由土、石材料按照一定尺寸、结构要求所构成的带状土工结构物，承受由路面传来的荷载，因此，它既是线路的主体，又是路面的基础。其质量优劣，直接影响道路的使用品质。作为路面的支承结构物，路基必须具有足够的强度、稳定性和耐久性。道路路基的结构、尺寸用横断面表示。因地形的变化和挖填高度的不同，路基横断面也各不相同。路基的基本横断面形式有路堤、路堑、半填半挖和不填不挖四种基本类型。

1. 路堤

高于原地面的填方路基称为路堤。通常有一般路堤、沿河路堤和护脚路堤等类型。路堤高于天然地面，一般通风良好，易于排水，路基经常处于干燥状态。路堤为人工填筑，对填料的性质、状态和密实度可以按要求加以控制，因此路堤病害少，强度和稳定性较易保证，是常用的路基形式。

2. 路堑

低于原地面的挖方路基称为路堑。典型路堑为全挖断面，路基两边均需设置边沟。陡峭山坡上的半路堑，因填方有困难，为避免局部填方，可挖成台口式路基；在整体坚硬的岩层上，为节省土石方工程，有时可采用半山洞路基，但要确保安全可靠，不得滥用。路堑横断面的基本形式如图2.1所示。

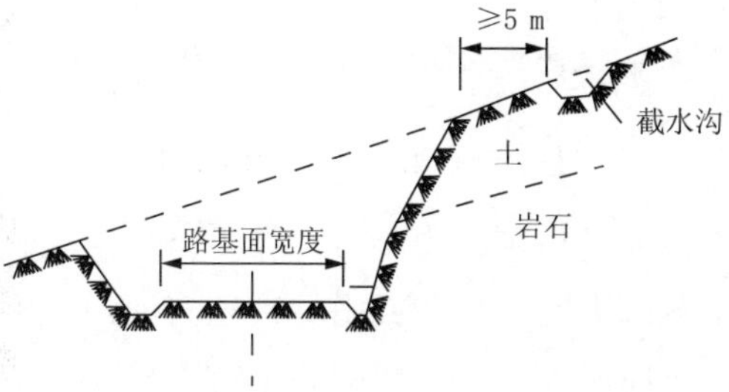

（a）全挖路基

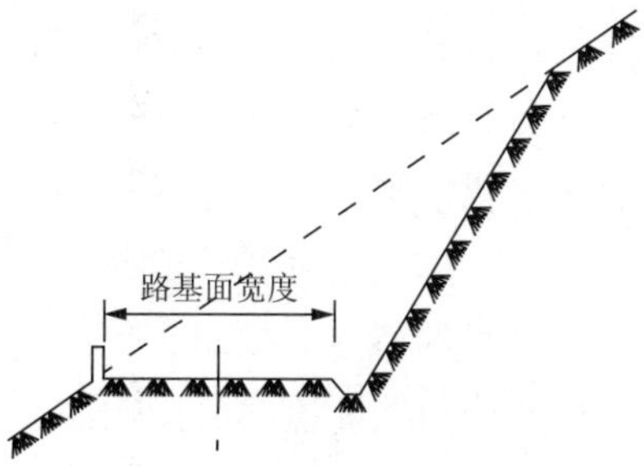

（b）台口式路基

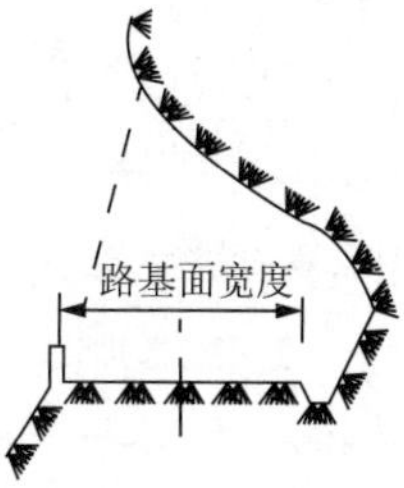

（c）半山洞路基

图2.1 路堑横断面的基本形式

路堑低于天然地面，通风和排水不畅；路堑是在天然地面上开挖而成，其土石性质和地质构造取决于所处地的自然条件。路堑的开挖破坏了原地层的天然平衡状态，所以路堑的病害比路堤多，设计和施工时，除要特别注意做好路堑的排水外，还应对其边坡的稳定性予以充分注意。

3. 半填半挖路基

半填半挖路基是路堤和路堑的综合形式，一般设置在较陡的山坡上。该种路基在工程上兼有路堤和路堑的设置要求，它的特点是移挖作填，节省土石方，是一种比较经济的路基断面形式。

4. 不填不挖路基

原地面与路基标高基本相同时，构成不填不挖的断面形式如图2.2所示。这种形式的路基虽然节省土石方，但对排水非常不利，容易发生水淹、雪埋等病害，只适用于干旱的平原区、地下水位较低的丘陵区、山岭区的山脊线以及过城镇街道和受地形限制处。

道路路基的横断面应根据道路类型、等级、技术标准，结合当地的地形、地质、水文等情况，从以上各种基本类型中选用，并注意路基的排水和防护。

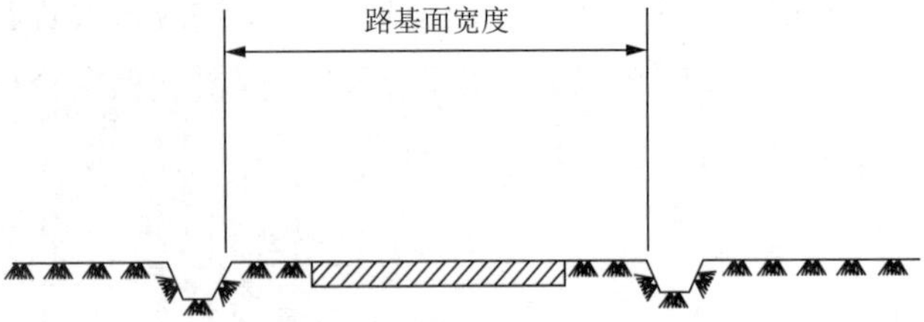

图2.2　不填不挖路基断面形式

路基的特点是路线长，通过地带的类型多，技术条件复杂，受地形、气候和水文地质条件影响很大。公路可能通过平原、丘陵或山岭，还有河川、沼泽、岩石、冰雪（或永冻土）地带，或沙漠、盐渍土地域等，除一般的施工技术外，还要考虑软土压实、桩基、边坡稳定、挡土墙和其他人工调治结构物等。此外，路基工程的土石方数量大，劳力和机械用量多，施工工期长。在城市道路中，除征地拆迁外，遇到的隐蔽工程多，如给水管、污水管、煤气管、电缆或蒸汽管线等，需与有关部门相互协调。

路基施工过程中，大量土石方的挖、填、借、弃改变了沿线的自然状态，对公路通过的区域生态平衡造成一定的影响，因此在设计、施工、养护中必须予以充分注意。路基设计是公路整体设计中的一个环节，既要考虑自身的特点和要求，又要注意与路线设计、路面工程、桥涵工程等的协调，以期降低工程造价和保证道路的使用品质。

一般路基设计的内容包括：根据路线几何设计要求，结合当地地形、地质条件，选择合理的路基断面形式；选择路基填料与压实标准；确定边坡形状和相应坡率；设计路基排水系统与排水结构物；设计防护与加固等。

在自然因素和荷载的作用下，路基会产生各种各样的变形与病害，如路堤的沉陷、路基边坡的塌方、路基翻浆等。

2.3　桥梁工程

桥梁工程是有关桥梁勘测、设计、施工、养护、维修和检定及与桥梁相关的科学研究和工程技术的总称。它是工程的一个重要组成部分。

2.3.1　概述

桥梁是工程的重要组成部分，是人类文明的产物，也是人类社会进步与发展的重要标志。在人类生存与发展最基本的需求中，桥梁是为“行”服务的，同时也与战争、宗教、戏剧、民俗等存在千丝万缕的联系。

桥梁是指跨越江河、湖泊、山谷、海峡和道路等障碍使道路连续的人工构造物。桥梁是架空的路，通过它让行人、车辆、渠道、管线等顺利、安全通过，在道路交通及城市建设中起着控制性作用，因此，桥梁被称为“道路咽喉”。

1. 桥梁的组成

桥梁由桥跨结构（上部结构）和下部结构组成。

桥梁桥跨结构是道路遇到河流、海峡、山谷、道路等障碍中断时的跨越结构物，由主结构（梁式、拱式、斜拉、悬索等）和桥面系组成。

1）桥面系

行车道铺装（也称桥面铺装）：设置于行车道上，用于防止桥梁主结构受到磨损，同时起到分散车轮荷载的作用。

人行道：设置在桥面两侧，供行人使用。

栏杆（或防撞栏杆）：设于桥面或人行道边缘，用于保护行车、行人安全。

排水防水系统：排水系统用于迅速排除桥面积水；防水系统用于防止桥梁主结构受到渗水侵蚀。

伸缩缝：设于桥跨结构之间和桥跨结构与桥台端墙之间，用于保证桥跨结构在各种因素作用下的自由变位。

照明设施：设置于城市桥梁上，用于桥梁夜间照明。

2）桥梁下部结构

桥墩：设于河中或岸边，用于支撑桥跨结构。

桥台：设于桥梁两端，用于支撑桥跨结构，并起桥台后路堤挡土墙作用。

基础：设于桥墩、桥台底部，将经桥墩、桥台传下的荷载传至地基。

支座系统：设于桥跨结构与桥墩、桥台之间，将上部结构荷载传至桥墩、桥台，同时保证桥跨结构在各种因素下自由变位的功能。

2. 桥梁的分类

根据不同的分类依据，桥梁具有多种分类方式。

按用途不同，桥梁分为公路桥、铁路桥、公（路）铁（路）两用桥、农用桥、人行桥、渡槽桥等。

按照桥梁全长和跨径不同，并根据现行桥梁规范，桥梁分类见表2.3。

表2.3　桥梁按全长和跨径分类

桥梁分类	多孔跨径总长 L/m	单孔跨径 L_k/m
特大桥	$L > 1\,000$	$L_k > 150$
大桥	$100 \leqslant L \leqslant 1\,000$	$40 \leqslant L_k \leqslant 150$
中桥	$30 < L < 100$	$20 \leqslant L_k < 40$
小桥	$8 \leqslant L \leqslant 30$	$5 \leqslant L_k < 20$
涵洞	—	$L_k < 5$

根据桥梁主要承重结构所用材料的不同，桥梁分为圬工桥梁（包括砖、石、混凝土）、钢筋混凝土桥梁、预应力混凝土桥梁、钢桥和木桥等。

按照跨越障碍的性质分类，桥梁包括跨河桥、跨线桥、立交桥、高架桥和栈桥等。

根据桥梁结构受力体系不同，桥梁分为梁式桥、拱式桥、缆索承重桥等。

2.3.2 桥梁工程实施阶段划分及其工作内容

桥梁工程实施阶段分为：工程可行性研究、初步设计、技术设计和施工图设计、桥梁施工、使用管理与养护等。

1. 工程可行性研究

可行性研究是桥梁工程立项建设的依据，主要应回答桥梁建设的必要性、技术可行性、经济合理性等问题，提出建设方案。

2. 初步设计

桥梁工程初步设计的依据是经专家论证并得到主管部门批准的工程可行性研究报告（包括通航论证报告、行洪论证报告、环境评价报告等）、业主下达的设计任务书（委托书）以及业主与设计单位签订的设计合同、国家标准、行业规范等，就桥位、建桥标准、建桥规模等控制性要求做出规定。特别是通过多方案比选，提出桥型推荐方案，待评审批准后开展施工图设计。

3. 技术设计

技术设计是根据初步设计批复意见，对重大、复杂的技术问题通过科学试验、专题研究，进一步勘探、分析比较，解决初步设计中未解决的问题，落实技术方案，提出修正的施工方案等，为施工图设计提供依据。

4. 施工图设计

根据批准的初步设计文件或技术设计文件，根据设计合同、施工需要的补充钻探（称“施工钻探”），进一步对所审定的修建原则、设计方案、技术决定加以具体化，绘制施工详图供施工使用，最终确定各项工程数量，提出文字说明和施工所需的图表资料、施工组织设计、施工图预算。

5. 桥梁施工

在桥梁施工图得到审批后，即可通过招标选定施工单位、监理单位等，在完成相关报批程序后即可开展桥梁施工。桥梁施工由承包商负责，监理工程师负责施工质量、进度、费用管理，监控单位对桥梁施工过程中的结构受力、线形与安全实施宏观控制，质监部门负责工程质量监督，设计者为施工过程提供技术服务，业主负责工程实施协调。

6. 使用管理与养护

桥梁竣工验收完成后即可交付使用。桥梁设计寿命一般为100年，桥梁在使用过程中将受到各种不利因素的影响，犹如人一样，也有“生老病死”的问题，需要对其实施全面、严格管理，定期对其进行检查、评估，必要时对其实施及时维护或加固，以不断维持桥梁功能与安全状态，确保桥梁正常服役。

2.3.3 桥梁设计荷载

现行《公路桥涵设计通用规范》（JTG D 60—2018）规定，公路桥梁作用划分为三类，即永久作用、可变作用和偶然作用，见表2.4，同时，根据作用可能出现的概率，在设计桥涵时考虑不同的作用组合。城市桥梁参照公路桥执行。铁路、轨道交通按照相关规定采用。

表2.4　桥梁作用分类

编号	作用分类	作用名称
1		结构取力（包括结构附加重力）
2		预加力
3		土的重力
4	永久作用	土侧压力
5		混凝上收缩及徐变作用
6		水的浮力
7		基础变位作用
8		汽车荷载（分为公路Ⅰ级、公路Ⅱ级）
9		汽车冲击力
10		汽车离心力
11		汽车引起的土侧压力
12		人群荷载
13	可变作用	汽车制动力
14		风荷载
15		流水压力
16		冰压力
17		温度（均匀温度和梯度温度）作用
18		支座摩阻力
19		地震作用
20	偶然作用	船舶或漂流物撞击作用
21		汽车撞击作用

2.3.4　桥梁结构体系与构造设计

1. 梁式桥

梁式桥是一种在竖向荷载作用下无水平反力的结构。由于梁式桥主要承受竖向作用（恒载和活载等），故以受弯为主，需要抗弯能力强的材料（如钢筋混凝土、预应力混凝土、钢等）来建造。

按行车道位置的不同，梁式桥也分为上承式桥和下承式桥。一般情况下，公路梁式桥的桥面布置在主梁顶面，称为上承式桥；桥面布置在主梁下缘时称为下承式桥。

常用的梁式桥包括钢筋混凝土和预应力混凝土简支梁（板）桥、钢筋混凝土和预应力混凝土连续梁（板）桥、预应力混凝土连续刚构桥、钢桁梁桥等。

按照结构受力体系不同，梁式桥又分为简支梁桥、悬臂梁桥、连续梁桥、连续刚构桥等，如图2.3所示。

(a) 简支梁桥

(b) 悬臂梁桥

(c) 连续梁桥

(d) 连续刚构桥

图2.3　梁式桥示意图

简支梁桥主梁包括整体板梁，一般用于10 m以下；装配式板梁，实心板一般在8 m以下，空心板在20 m以下；装配式T梁，如图2.4所示，一般用于25～50 m；箱梁桥等。

图2.4　装配式T梁

连续梁桥包括先简支后连续梁桥（先采用简支梁方式进行架设，然后再在墩顶实施结构连续，一般用于20～50 m）；支架施工连续板梁或箱梁桥（钢筋混凝土板梁一般在8 m以下，钢筋混凝土箱梁不超过20 m，预应力混凝土箱梁在50～80 m）；悬臂施工箱梁桥（自墩顶开始采用挂篮现浇或预制拼装逐段形成主梁，通常为预应力混凝土结构，跨径在60～160 m）、顶推箱梁桥（在台后固定位置浇筑主梁并不断向前顶推形成主梁，跨径一般不超过60 m）等。

连续刚构桥主要用于大跨径预应力混凝土桥梁，自墩顶开始采用挂篮现浇或预制拼装逐段形成主梁，跨径在60～300 m。

2．拱式桥

拱式桥的主要承重结构是拱圈，如图2.5所示。在竖向（恒载和活载等）作用下，拱的两端支承处（拱脚处）除有竖向反力、弯矩（无铰拱）外，还有水平推力，正是该水平推力的存在，显著降低了竖向作用所引起的拱圈弯矩。因此，拱内以受压为主，相对于同等跨径梁桥，拱内弯矩要小得多，因此，抗压能力强但抗拉能力弱的圬工材料（如砖、石、混凝土）和钢筋混凝土可用于建造拱圈。

按照行车道处在拱结构立面位置的不同，拱桥分为上承式、中承式和下承式。

上承式拱桥的桥跨结构由主拱圈（肋）及其拱上建筑所构成。拱圈是拱桥的主要承重结构，承受桥上的全部荷载，并通过它把荷载传递给墩台及基础。行车道系与主拱圈之间需要有传递荷载的构件和填充物，这些主拱圈以上的行车道系和传载结构或填充物称为拱上建筑。拱上建筑可做成实腹式或空腹式，相应称为实腹式拱和空腹式拱。

图2.5　拱式桥

根据主拱圈材料不同，拱桥结构包括圬工拱桥、钢筋混凝土拱桥、钢管混凝土拱桥和钢拱桥。

3．缆索承重桥

1）斜拉桥

斜拉桥又称斜张桥（见图2.6），由斜拉索、桥塔和主梁组成，斜拉桥利用高强钢材制成的多根斜拉索将主梁托起，主梁的恒载和其他作用通过斜拉索传至桥塔，再通过桥塔基础传至地基，由此，主梁犹如一根多点弹性支承的连续梁一样工作，而且斜拉索拉力的水平分量又构成主梁的“免费”预压应力，从而使主梁尺寸大大减小，结构自重显著减轻，既节省了结构材料，又大幅度增大了桥梁的跨越能力。此外，斜拉桥的结构刚度要比悬索桥大，因此，在相同的荷载作用下，结构的变形小，而且抵抗风振的能力也比悬索桥好，这也是斜拉桥在可能达到的跨越能力情况下比悬索桥优越的重要因素。

图2.6　斜拉桥

斜拉桥跨径布置应考虑全桥刚度、拉索疲劳强度、锚固墩承载能力等因素，现代斜拉桥最典型的跨径布置形式为双塔三跨式与独塔双跨式，也可以布置成独塔单跨式、双塔单跨式或无塔单跨式（一种非正统斜拉桥）及多塔多跨式，甚至是混合式。

斜拉桥主梁有混凝土梁、钢箱（桁）梁、钢混结合梁、钢混混合梁之分。

2）悬索桥

悬索桥又称吊桥，是最古老的桥梁形式之一，通常由索塔、锚碇、主缆、吊杆及加劲梁组成，如图2.7所示。

图2.7　悬索桥

传统的悬索桥均用悬挂在两边索塔上的强大缆索作为主要承重结构，加劲梁自重及其他作用通过吊杆使缆索承受拉力，因此，悬索桥也是具有水平反力（拉力）的结构，需要在两岸桥台后方设置巨大的锚碇结构。现代悬索桥广泛采用高强度钢丝编制的主缆，借助钢材优异的抗拉性能，跨越其他桥型无与伦比的特大跨度。

根据体系不同，悬索桥有地锚式（外锚式）和自锚式之分。地锚式（外锚式）悬索桥主缆拉力依靠锚固体传递给地基，是悬索桥的传统结构体系，技术发展相当成熟，已经形成了美国式、英国式、日本式等几个流派。自锚式悬索桥主缆拉力水平分力直接传递给加劲梁（轴向压力）承受，竖直分力（较小）由端支点承受，其布置如图2.8所示。

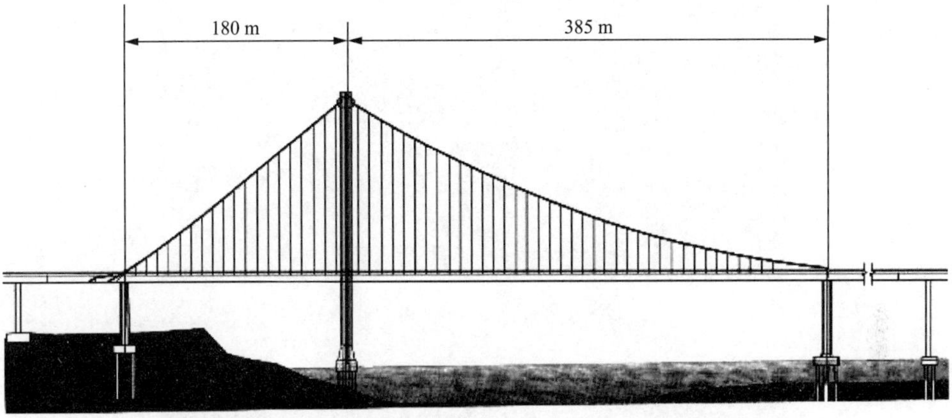

图2.8　主跨385 m的自锚式悬索桥（美国旧金山）

悬索桥加劲梁结构型式有：钢梁（钢板梁、钢桁梁、钢箱梁）、混凝土箱梁、钢混结合梁等。

4．刚架桥

刚架桥是梁（或板）和立柱（或竖墙）固结形成的一种刚架结构。由于两者是刚性连接，在竖向荷载作用下，在柱脚具有水平反力，梁部除弯矩外还有轴力，其受力状态介于梁桥与拱桥之间。因此，对于同样的跨径，在相同荷载作用下，刚架桥的正弯矩要比一般梁桥的小。因此，刚架桥的建筑高度可以做得小些，适用于需要较大桥下净空和建筑高度受到限制的情况（如立交桥、跨线桥等）。

5．组合体系桥

根据结构的受力特点，由上述不同体系组合而成的桥梁称为组合体系桥。如梁拱组合桥、斜拉桥与刚构组合桥、斜拉桥与悬索桥组合桥（吊拉组合桥）等。

重庆菜园坝长江大桥是一座特大公路、城市轨道两用拱桥。上层桥面设六线汽车行车道加双侧人行道，城-A级荷载，下层桥面为跨座式单轨交通。

重庆菜园坝长江大桥首创组合式刚构-系杆拱桥梁结构体系，如图2.9所示。为了提高结构的整体效率，重庆菜园坝长江大桥主桥在三个层面上使用了“组合”技术，即：在材料上，将混凝土与钢组合以提高材料使用效率；在直接承受活载的梁体设计中将正交异性桥面板与桁架钢梁组合以提高梁体承载效率；在主体承载结构设计中将预应力混凝土“Y”形刚构与提篮钢箱系杆拱组合以提高主体结构跨越能力。

重庆菜园坝长江大桥坚持效率是美的设计理念，采用三大关键技术，即：材料与结构组合技术，组合式桁架钢梁大节段设计、制造、运输、吊装技术以及分离式系杆-主动控制技术，创造性设计了组合式公轨两用刚构-系杆拱特大桥梁体系，为同类桥梁提供了新的结构体系。图2.10所示为夜幕中的菜园坝长江大桥。

图2.9　重庆菜园坝长江大桥

图2.10　重庆菜园坝长江大桥夜景

6. 桥梁下部结构

1）桥墩

（1）梁桥桥墩

梁桥桥墩分为重力式桥墩和轻型桥墩两种。重力式桥墩由墩帽和墩身组成，主要靠自身的质量平衡外荷载，墩身自重大、稳定性好，一般用于地基条件好，承载能力大的桥位或流冰、漂流物较多的河道中，通常为实体结构，高度超过50 m时多采用空心结构，如图2.11所示。

梁桥轻型桥墩有柱式桥墩，钢筋混凝土薄壁桥墩等。柱式桥墩由分离的两根或多根柱与墩帽组成，或由桩、柱和盖梁组成。柱式墩外形美观，质量较小，施工方便，普遍用于中小跨径桥梁。同时，为确保桥墩稳定性，柱式桥墩适用高度一般不超过50 m，且应按规范要求设置柱间横系梁。钢筋混凝土薄壁桥墩包括单薄壁和双薄壁两种。单薄壁适用高度较小的桥梁，双薄壁主要用于对桥梁抗推刚度有限制的连续刚构桥。

图2.11　桥墩

（2）拱桥桥墩

拱桥是一种推力结构，除了垂直力以外，拱圈传给桥墩上的力还有水平推力、弯矩，这是与梁桥最大的不同之处。从抵御恒载水平力的能力来看，拱桥桥墩又可分为普通墩和单向推力墩两种。普通墩除了承受相邻两跨结构传来的垂直反力外，一般不承受恒载水平推力，或者当相邻两孔跨径不相同时，只承受经过相互抵消后尚余的不平衡推力。单向推力墩又称制动墩，它的主要作用是在它的一侧桥孔因某种原因遭到毁坏时，能承受相邻孔的恒载水平推力，以保证相邻孔拱圈不致倾塌。而且当施工时为了拱架的多次周转，或者当缆索吊装设备的工作跨度受到限制时，为了能按桥台与某墩之间或者按某两个桥墩之间作为一个施工阶段进行分段施工，也要设置能承受部分恒载单向推力的制动墩。

2）桥台

桥台（见图2.12）有重力式桥台、轻型桥台和组合式桥台之分。

图2.12　桥台

重力式桥台也称实体式桥台，它主要靠自重来平衡台后的土压力。桥台台身可采用块石、片石混凝土或混凝土等砌（浇）筑。

轻型桥台一般用于梁桥。梁桥轻型桥台包括埋置式桥台、设有支撑梁的轻型桥台、钢筋混凝土薄壁桥台等。常用形式为埋置式桥台。

组合式桥台本身主要承受桥跨结构传来的竖向力和水平力，台后的土压力则由其他结构来承受。包括锚碇式、过梁和框架组合式、桥台和挡土墙组合式及后座式等。

3）基础

基础是桥梁建设中最关键的部位之一，其形式的选择涉及地质条件、水文情况、结构受力、施工设备以及工期、造价、施工安全与桥梁安全，必须高度重视。

2.4 隧道工程

2.4.1 隧道工程概述

隧道是地下工程的一个重要组成部分，它是指修筑在地下，两端有出入口，供车辆、行人、水流及管线等通过的通道，用以穿越障碍、缩短线路，并具有不占用地面空间和可兼作防空用途等优点。图2.13所示为秦岭终南山隧道。

图2.13 秦岭终南山隧道

隧道按用途可分为交通隧道，如铁路隧道、道路隧道、人行隧道、运河隧道及供几种运输形式共用的混合隧道等；水工隧道，如供水力发电及农田水利用的引水隧洞、排灌隧洞等；市政隧道，如供设置城市地下管网及给水和排水使用的隧道；军事或国防需要的特殊隧道。隧道按其所处的位置又可分为山岭隧道、水底隧道及城市地下铁路隧道等。

1. 铁路隧道

铁路隧道是铁路线路在穿越天然高程或平面障碍时修建的地下通道。它可使线路的标高降低、长度缩短并减缓其纵向坡度，而提高运量和行车速度。铁路隧道一般由洞口路堑（或引道）、洞口、洞身和隧道内外附属构筑物组成。隧道内的线路常采用单向坡或双向坡，单向坡适用于套线、螺旋线或较短的越岭隧道，双向坡适用于越岭隧道和水底隧道。

我国第一座铁路隧道是1887—1891年在台湾台北至基隆铁路线上修建的，隧道长261m，1890—1904年在中东铁路上修建了几座双线隧道，其中大兴安岭越岭隧道长3 078 m。截至新中国成立初期，我国铁路上共有400余座铁路隧道，总延长100 km以上。新中国成立后，我国迅速改变了旧中国铁路分布不合理的现象，在西南和西北等多山的高原地区修建了大量铁路隧道。

2. 道路隧道

道路隧道又称公路隧道，是修筑在山区公路或城市道路上，主要供汽车及非机动车通行的隧道。道路隧道要尽量设计成直线。若受地形或地质条件限制而必须设置成曲线时，应根据道路等级按不设超高的平曲线半径设置。水底隧道如用盾构法施工，也宜做成直线或大半径曲线。

新中国成立以前我国仅有十余座道路隧道，最长不超过200 m。截至 2019 年末，全国公路隧道已建成 19 067 处、1 896.66 万m，较往年增加 1 329 处、173.05 万m，其中特长隧道 1 175 处、521.75 万m，长隧道 4 784 处、826.31 万m。随着隧道施工技术的不断提升，公路隧道建设规模在今后一段时间内仍然会保持高速发展态势。

3. 水底隧道

水底隧道是指修建在江河、湖泊、海港或海峡底下的隧道。它为铁路、城市道路、公路、地下铁道以及各种市政公用或专用管线提供穿越水域的通道，有的水底隧道还设有自行车道和人行道。

从1965年第一条水下隧道——打浦路隧道修建以来，截至 2020 年底，我国共修建 245 条水下隧道。1965—2000年开工了 13 条水下隧道，主要穿越香港维多利亚港、黄浦江、珠江，多为公路隧道。2001—2010年开工了 77 条水下隧道，主要穿越黄浦江、珠江、长江，主要是公路隧道和地铁隧道。2011—2020年开工了154条水下隧道，主要穿越长江、黄浦江、 钱塘江，主要是公路隧道和地铁隧道。表2.5列出了国外一些著名海底隧道。随着科学技术的不断发展，一些学者还提出了建设横跨太平洋隧道的提议，例如从美国的洛杉矶经过符拉迪沃斯托克（海参崴）到日本的海中悬浮隧道方案，长度大约1万km；白令海峡隧道，长度100 km，预计投资120亿美元。

表2.5　一些著名海底隧道

隧道名称	所在国家	长度 /km	使用情况
青函海底隧道	日本	54	铁路，已通车
英法海峡隧道	英国—法国	50	铁路，已通车
直布罗陀海峡隧道	摩洛哥—西班牙	60	铁路，规划中
巽他海峡隧道	印度尼西亚	50	—
日韩海底隧道	日本—韩国	250	铁路、公路，规划中

1）青函海底隧道简介

青函海底隧道是通过津轻海峡连接日本北海道和本州的海底隧道，其全长为53.87 km，海底部分为23.3 km，隧道平均埋深100 m，由一条双线隧道和一条辅助坑道组成。

为解决从本州向北海道的运输问题，日本政府从1939年开始规划青函海底隧道，1946年开始调查，1964年开始挖导坑，1971年正式施工，1972年进行海底段施工，1983年1月导坑贯通，1988年3月正式运营通车，从规划到设计历时近50年。青函海底隧道建成后，青森到函馆间的运输时间节省了1/2，约缩短2 h。青函海底隧道的成功具有重大的意义，开拓了长距离修建海底隧道的历史。它在技术上最重要的成就包括围岩注浆、超前钻孔和声波探测。

2）英法海底隧道简介

英法海底隧道又称海峡隧道，是一条把英国英伦三岛连接往法国的铁路隧道，隧道横跨英伦海峡，长度为50 km，海底长度为39 km。

英法海底隧道由三条隧道和两个终点站组成。三条隧道由北向南平行排列，南北两隧道相距30 m，是单线单向的铁路隧道，隧道直径为7.6 m；中间隧道为辅助隧道，用于上述两隧道的维修和救援工作，直径为4.8 m。在辅助隧道的1/3和2/3处，分别为两运营隧道修建了横向连接隧道。当铁路出现故障时，可把在一侧隧道内运行的列车转入另一隧道继续运行，而不中断整个隧道的运营业务。在辅助隧道线上，每隔375 m，都有通道与两主隧道相连，以便维修人员工作和在紧急情况下疏散人员。

2.4.2 地下铁道

地下铁道简称地铁，是在城市地下的电力机车牵引的铁道。通常设在城市的地面下，也有从地下延伸至地面的，有时还升高到高架桥上。地铁是解决大城市交通拥堵和大量、快速、安全地运送乘客的一种现代化交通工具。在特殊情况下，可以运送货物，战时可起到防护的作用。

我国修建的第一条地下铁道是北京地下铁道，第一期工程于1965年7月正式开工，1969年9月通车，全长24 km，共设17个车站；第二期工程于1971年3月开工，1984年4月建成，全长16.1 km，设21个车站。第一、二期工程由东西线和一条环形线共同组成，在环线下修建了垂直相交的丁字形、十字形换乘站和交叉点换乘结构。截至2018年12月31日，我国内地共计32个城市建设了地铁线路共计176条（包括在原来线路上的延伸线路），并且运营线路达到4 511.3 km，地铁已经成为我国大城市公共交通的重要组成部分。地下铁道在大城市公共交通中起到了越来越重要的作用。城市学家认为，人口超过100万的城市，为适应未来的交通需求和城市空间的合理利用，都宜修建地下铁道。

地下铁道的优越性主要有以下几点：行车速度快，地铁不受行车路线的干扰，其行驶速度为地面公共交通工具的2～4倍；运输成本低；安全、可靠、舒适；能合理利用城市的地下空间，保护城市景观和环境。当然，地铁的工程造价是比较高的，我国深圳特区建设的地铁造价是5亿元/km，广州、上海等城市已建成的地铁造价则更高些，为6亿～7亿元/km。

1. 地下铁道建筑物

地下铁道的建筑物主要由车站、连接各车站的区间隧道和出入口建筑等附属建筑物组成。

1）车站

从总体规划、设备的配置、结构形式及施工方法等方面而言，车站是地下铁道中较为复杂的建筑物，是大量乘客的集散地，应能保证乘客迅速而方便地上下或换乘，并要求具有良好的通风、照明、清洁的环境和建筑上的艺术性。车站在线路起终点和中心地区的任务是不同的，因此各车站的规模也不同。一般情况下，线路起终点附近的车站多处于郊区，而中心地区的车站多位于城市的繁华地区，因此可以把车站分为郊区站、城市中心站、联络站和待避站等。郊区站的站间距一般较长，为1 500～2 000 m，站的位置应与公共汽车站临近；城市中心站人流较为密集，一般站间距为700～1 500 m，其中设置的站台、台阶、自动扶梯等设施要有足够的容量，且中心站一般要与相邻的大楼地下室尽可能联络，以便快速疏散客流；联络站指两条或以上线路交叉及相邻时设置的车站，地铁的联络站都是规模相当大的地下车站，是城市交通网的重要枢纽。

地铁车站按形态可以分为单层、双层和多层；按站台形式还可以分为岛式车站、侧式车站和混合式车站。

2）区间隧道

区间隧道是连接各车站的隧道，其内部设置列车运行及安全检查用的各种设施，如轨道、电车线路、标志、通信及信号电缆、待避洞、灭火栓、照明设施、通风设施等。

区间隧道的横断面一般分为箱形和圆形两种。横断面形式的选择主要取决于埋深、地质条件和施工方法等因素。明挖法多采用箱形断面，这种断面结构经济，施工简便，其衬砌材料大部分为钢筋混凝土。盾构法则采用圆形断面，衬砌材料可采用铸铁或钢筋混凝土管片。

3）出入口建筑

出入口建筑用以解决车站和地面之间的联系。一般设有地面站厅、地面出入口、自动扶梯斜隧道和地面牵出线。

（1）地铁线路网的规划

地铁线路网由若干条地铁线路所组成，是一个技术上独立的客运网，也是整个城市交通运输的组成部分。它的规划应从城市的发展远景和城市交通运输整体部署出发，拟定各种类型交通工具的综合分工方案，从而估计出地铁近期和远期的客运量、车站位置和规模等主要指标，以供制定新线路和已有线路的扩建规划。在确定一条新线路的方向时，要考虑城市各区的经济发展、居民中心区的分布、现有线路和未来各线路的方向以及客流量大小等。地铁路网的形式一般和城市街道网的形式相适应。车站应设在人流集散量较多的地点，如主要街道的交叉口、广场、火车站、体育场、公园附近及地铁线路交叉处。

（2）线路类型

根据地铁线路所处的位置，可分为地下、地面及高架线路。地下线路是地铁线路的基本形式，按隧道距地面的位置，可分为浅埋和深埋两种。浅埋地铁一般将线路埋设在街道之下。车站隧道的净空高度要比区间隧道大，为保证车站隧道顶部有最小厚度的回填层，浅埋地铁车站要较区间隧道埋得深些，使车站设置在线路纵剖面的低点。深埋地铁可不受城市地面建筑物的影响，因此，多数线路在平面上都为直线，转弯处可采用大半径曲线，使列车运行平稳。地面线路一般不设在城市街道干线范围内，而是修建在居民较少的城郊，有的地面线路的地铁车站与郊区的铁路车站相邻或连成一体，以方便乘客。高架线路则设置在钢或钢筋混凝土建造的高架线路桥上。

2. 施工方法

地下铁道隧道的施工方法主要有明挖法、盾构法和浅埋暗挖法三种，进行具体施工方法选择时，要根据结构形状、线形、地下埋设物及其建筑物、地质、地形、施工技术与环境、工程技术经济指标等进行确定。

1）明挖法

明挖法是从地表面向下开挖，在预定位置修筑结构物方法的总称。在城市地下工程中，特别是在浅埋的地下铁道工程中，获得广泛应用。明挖法适用于地形平坦以及埋深小于30 m的场合，并可以适应不同类型的结构形式。在明挖法施工中，基坑维护结构常采用工字钢桩法或地下连续墙法。

明挖法具有施工方法简单、技术成熟、工程进度快、工程造价较低和能耗较少等优点。其缺点在于：施工过程受外界气候条件影响较大；施工对城市地面交通和居民正常生活有较大影响，易产生噪声、粉尘及废弃泥浆等污染；需要拆除工程影响范围内的建筑物和地下管线；在饱和的软土地层中，深基坑开挖引起的地面沉降较难控制等。

2）盾构法

盾构法是使用盾构机（见图2.14）为施工机械，在地层中修建隧道的一种暗挖方式施工方法。施工时在盾构机前端切口环的掩护下开挖土体，在盾尾的掩护下拼装衬砌（管片或砌块）。在挖去盾构前面土体后，用盾构千斤顶顶住拼装好的衬砌，将盾构机推进到挖去土体的空间内，在盾构推进距离达到一环衬砌宽度后，缩回盾构千斤顶活塞杆，然后进行衬砌拼装，再将开挖面挖至新的进程。如此循环交替，逐步延伸而建成隧道。

图2.14　地铁工程盾构机

盾构法施工已有近200年的历史，它是在闹市区的软弱地层中修建地下工程的最好的施工方法之一。近年来，随着盾构机械的不断发展，盾构法适应大范围的工程地质和水文地质条件的能力不断提高，已经成为城市地下空间开发利用的有效施工手段。

盾构法主要具有以下优点：

① 除竖井施工外，施工作业均在地下进行，既不影响地面交通，又可以减少噪声和振动对附近居民的影响。

② 隧道的施工费用受埋深的影响较小。

③ 盾构推进、出土、拼装衬砌等主要工序循环进行，易于管理，施工人员较少。

④ 穿越江、河、海道时，不影响航运，且施工不受风雨等气候条件的影响。

⑤ 在土质差、水位高的地区建设埋深较大的隧道，盾构法有较高的技术经济优越性。

⑥ 土方量小。

盾构法存在的主要问题有：

① 当隧道曲线半径过小时，施工较为困难。

② 在陆地建造隧道时，若隧道埋深太浅，盾构法施工困难较大，而在水下时，如覆土太浅，盾构法不够安全。

③ 盾构法施工中采用全气压方法以疏干和稳定地层时，对劳动保护要求较高，施工条件较差。

④ 盾构施工过程中引起的隧道上方一定范围内的地表下沉尚难完全防止，特别在饱和含水松软的土层中，要采取严密的技术措施才能把下沉量控制在很小的限度内。

⑤ 在饱和含水地层中，盾构法施工所用的拼装衬砌对达到整体结构防水性的技术要求较高。

3）浅埋暗挖法

浅埋暗挖法是中国工程师在新奥法的基础上，结合中国国情创立的施工方法。浅埋暗挖技术的首次应用是在北京地铁复兴门折返线工程中。近十几年来，浅埋暗挖法在我国的地下工程施工中得到了广泛的应用，北京地铁的区间隧道及其他一些市政工程广泛采用浅埋暗挖法进行施工，例如：北京地铁复八线全长12.7 km，其中区间隧道长约为7 km，地铁西单站、天安门西站、王府井站、东单站等均采用浅埋暗挖法施工，长安街下多条人行地下通道和当时的国家计委大型地下停车库也采用了该技术施工。

浅埋暗挖法的工艺流程和技术要求主要是针对埋深较浅、松散不稳定的地层和软弱破碎岩层的施工提出的，该方法强调对地层的预支护和预加固，图2.15所示为浅埋暗挖法的工艺流程。

在区间隧道的开挖支护施工中，浅埋暗挖法要严格执行“管超前、严注浆、短开挖、强支护、早封闭、勤量测”的十八字施工原则。管超前即在工作面开挖前，沿隧道拱部周边按设计打入超前小导管；严注浆即在打入超前小导管后注浆加固地层，使松散、松软的土体胶结成整体，增强土体的自稳能力；短开挖即每次开挖循环进尺要短，开挖和支护时间尽可能缩短；强支护即采用格栅钢架和喷射混凝土进行较强的早期支护，以限制地层变形；早封闭即开挖后初期支护要尽早封闭成环，以改善受力条件；勤量测即在施工工程中动态跟踪测量围岩及结构的变化情况，以确保施工安全。在施工工序上要坚持“开挖一段、支护一段、封闭一段”的基本工艺。

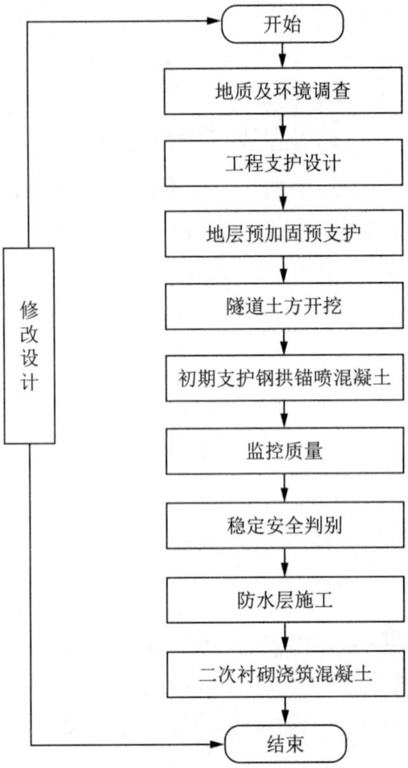

图2.15　浅埋暗挖法的工艺流程

2.5　铁路工程

2.5.1　铁路工程概述

交通运输在社会生活中占有极为重要的地位，它是国民经济活动中必不可少的重要组成部分。国民经济对运输业的要求为运量大、速度高、成本低、质量好、安全可靠，并能保证运输的经常性。在我国现代交通运输体系中，铁路是主要的运输方式。发展铁路运输，对于实施我国的可持续发展战略具有重要意义。

目前在我国铁路网上，拥有几万千米线路，几千个车站，几百万职工，配备有大量的技术设备；设有运输、机车、车辆、工务、电务等业务部门；每天有上万台机车和几十万辆车辆编成数以千计的各种列车，在四通八达的铁路线上昼夜不停地运行。

为了适应经济建设的需要，我国已经明确把包括铁路在内的交通运输列为国民经济发展的战略重点。因此，必须通过提高铁路设计水平，采用先进的现代化装备，扩大铁路运输能力等手段，使我国的铁路事业得到更快的发展。

铁路工程是指铁路上各种工程设施和修建铁路各个阶段（勘测、设计、施工、养护、改建等）所运用技术和管理的总称。铁路为人类社会的文明进步与经济发展作出了巨大贡献。20世纪40年代后，由于各种运输方式之间的激烈竞争，世界铁路的发展曾一度陷入艰难境地。进入20世纪80年代后，由于世界范围内受能源危机、环境污染、交通安全等问题的困扰，铁路的价值被重新认识。铁路所具有的技术经济优势与可持续发展战略的一致性，越来越受到各国重视，在可持续发展战略和高新技术的促进下，世界铁路特别是发达国家铁路呈现出迅速发展之势，铁路在世界范围内复苏，迎来了蓬勃发展的新时代。

“十四五”期间，铁路建设任务仍十分繁重，在建、已批项目规模达3.19万亿元，将坚持补短板、强弱项、防风险，分类分层推进建设。到2025年，全国铁路营业里程将达到17万km，其中高铁（含城际铁路）5万km，铁路基本覆盖城区人口20万以上城市，高铁覆盖98%城区人口50万以上城市。

规划指出完善综合运输大通道，加强出疆入藏、中西部地区、沿江沿海沿边战略骨干通道建设，有序推进能力紧张通道升级扩容，加强与周边国家互联互通。构建快速网，基本贯通“八纵八横”高速铁路，提升国家高速公路网络质量，加快建设世界级港口群和机场群。完善干线网，加快普速铁路建设和既有铁路电气化改造，优化铁路客货布局。

推进城市群都市圈交通一体化，加快城际铁路、市域（郊）铁路建设，构建高速公路环线系统，有序推进城市轨道交通发展。提高交通通达深度，推动区域性铁路建设，加快沿边抵边公路建设。构建多层级、一体化综合交通枢纽体系，优化枢纽场站布局、促进集约综合开发，完善集疏运系统，发展旅客联程运输和货物多式联运，推广全程“一站式”“一单制”服务。

2.5.2　铁路的组成

铁路由路基、线路和线路上的建筑三部分组成。此外属于铁路工程的还有桥梁、涵洞、隧道、车站设施、机务设备、电力供应等。

1. 路基

路基是铁路线路承受轨道和列车荷载的地面结构物，是轨道的基础。路基可分为路堤（见图2.16）、路堑（见图2.17）和半路堤半路堑三种形式。

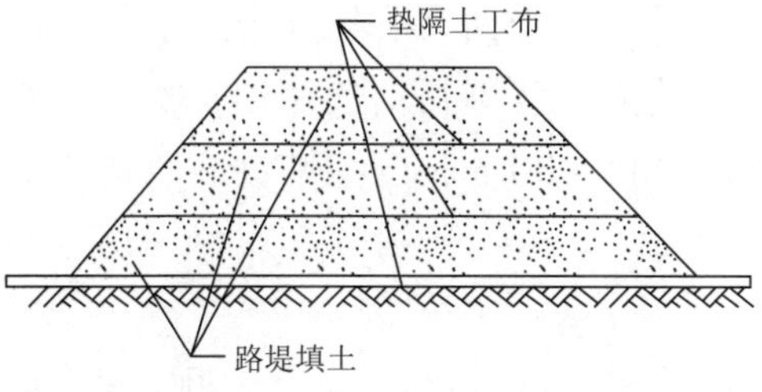

图2.16　路堤示意图

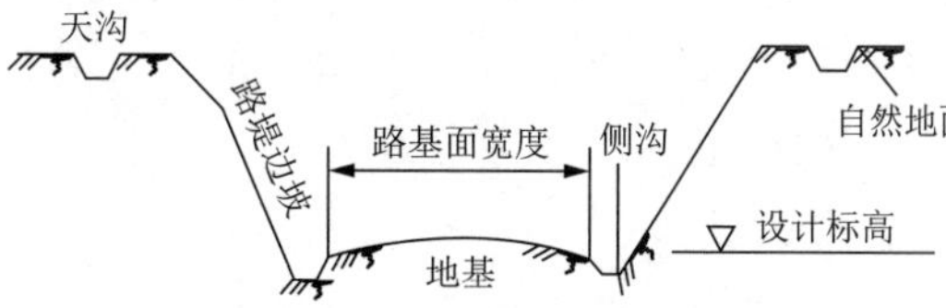

图2.17　路堑示意图

2. 线路

铁路线路是铁路横断面中心线在铁路平面中的位置，以及沿铁路横断面中心线所作的纵断面状况。铁路线路一般分为平面线形线路和纵断面线形线路。平面线形线路包括直线线路、圆曲线线路、缓和曲线线路。纵断面线形线路包括上坡、下坡和平道。

铁路选线设计是整个铁路工程设计中一项重要工作，选线设计的主要工作有以下三项内容：

① 根据国家政治、经济和国防的需要，结合线路经过地区的自然条件、资源分布、工农业发展等情况，规划线路的基本走向（方向），选定铁路的主要技术标准。

② 根据沿线的地形、地质、水文等自然条件和村镇、交通、农田、水利设施，来设计线路的空间位置。

③ 研究布置线路上的各种建筑物，如车站、桥梁、隧道、涵洞、路基、挡墙等，并确定其类型和大小，使它们能够相互配合，做到合理、经济。

铁路线路空间位置的设计包含线路平面设计和线路纵断面设计两方面的内容。铁路线路平面是指铁路中心线在水平面上的投影。线路平面设计有以下三点基本要求：

① 为了节省工程费与运营成本，一般力求缩短线路长度。

② 为了保证行车安全与平顺，应尽量采用较长直线段和较大的圆曲线半径。

③ 为使列车平顺地从直线段驶入曲线段，一般在圆曲线的起点和终点处设置缓和曲线。

铁路线路纵断面是指铁路中心线在立面上的投影，由坡段和连接相邻坡段的竖曲线组成。坡段的特征用坡段长度和坡度值表示。

3. 线路上的建筑

铁路线路上的建筑包括钢轨、轨枕、道床和道岔。

1）钢轨

钢轨起承受车身重力及引导列车行驶方向的作用。我国钢轨间的标准轨距为1 435 mm，误差不超过+6 mm或-2 mm。我国生产的标准钢轨有：75 kg/m、60 kg/m、50 kg/m、43 kg/m和38 kg/m五种类型。每根钢轨端部留有三个圆孔，两节钢轨的末端用有六个孔的接头夹板夹住，并用螺栓拧紧。

2）轨枕

轨枕是钢轨的支座。它的作用是承受钢轨传来的力（竖向力、侧向力和水平力），并将其传给道床，同时它还能够保持钢轨的方向和轨距。我国目前使用的轨枕有木枕和预应力混凝土轨枕两种。普通轨枕的长度为2.5 m，每1 000 m长度上铺设的轨枕数量为1 440～1 920根。

3）道床

道床是铺设在路基顶面上的道砟层，它能把荷载均匀地传到路基面上，阻止钢轨在列车作用下产生位移，缓和列车的冲击，同时还能保持路基面和轨枕的干燥。主要线路上应采用碎石道砟道床（见图2.18）。

4）道岔

道岔是铁路线路、线路连接和交叉设备的总称。其作用是使机车车辆由一条线路转向另一条线路，或者越过与其相交的另一条线路。最常用、最简单的线路连接设备是普通单式道岔（见图2.19），它由转辙器、转辙设备、辙叉、连接部分和岔枕组成。

图2.18 碎石道砟道床

图2.19 普通单式道岔

2.5.3 其他铁路交通

1. 高速铁路

中国国家铁路局颁布的《高速铁路设计规范》文件中将高铁定义为，新建设计时速为250 km（含）至350 km（含），运行动车组列车的标准轨距的客运专线铁路，按其功能分为客运专用以及客运、货运共用两类。1964年10月建成的日本新干线是世界上第一条高速铁路，其最高时速为210 km。

目前世界上的高速铁路有以下四种模式：

1）日本新干线模式

如图2.20所示。其特点是全部修建新线，旅客列车专用。

2）英国APT模式

其特点是既不修建新线，也不改进旧线，主要采用摆式车体的车辆组成的动车组列车，旅客列车与货物列车混用线路。

3）法国TGV模式

如图2.21所示，其特点是部分修建新线，部分改造旧线，旅客列车专用。2007年4月3日，法国高速列车在行驶实验中的速度达到574.8 km/h，打破了其本身保持了17年的515.3 km/h的行驶速度世界纪录。

图2.20 日本新干线列车

图2.21 法国TGV高速列车

4）德国ICE模式

如图2.22所示，其特点是全部修建新线，旅客列车与货物列车混用。

随着经济的不断发展，我国对高速铁路的需求也越来越迫切。2007年4月28日上午7时15分，我国首趟投入运营的中国铁路高速列车CRH（见图2.23）从杭州站开出，驶往上海南站。自此，中国铁路以此为起点，进入了全新的高速列车时代。动车组新型列车代表了当今世界高速动车组的一流水平。目前，动车组的国产化率达到75%以上，将成为我国既有线路时速200 km及以上旅客运输的主力车型，并具备进一步提升速度的空间。

图2.22　德国ICE高速列车

图2.23　我国动车组CRH

高速铁路与传统铁路相比具有省时、舒适、安全、节省能源、保护环境等诸多优点。

2．磁浮铁路

1922年，德国工程师肯佩尔提出了采用电磁原理开发磁悬浮列车，并于1934年获得专利。从1969年开始，德国正式研制磁悬浮列车。德国磁悬浮列车技术至今已发展到第8代，设计时速高达500 km，实际运行时速超过400 km。磁悬浮技术是利用磁性使列车完全脱离轨道而悬浮行驶，从而减少摩擦阻力，使列车高速运行，如图2.24所示。目前，世界磁悬浮铁路已经从探索性的基础研究阶段进入到实用性的开发研究阶段。

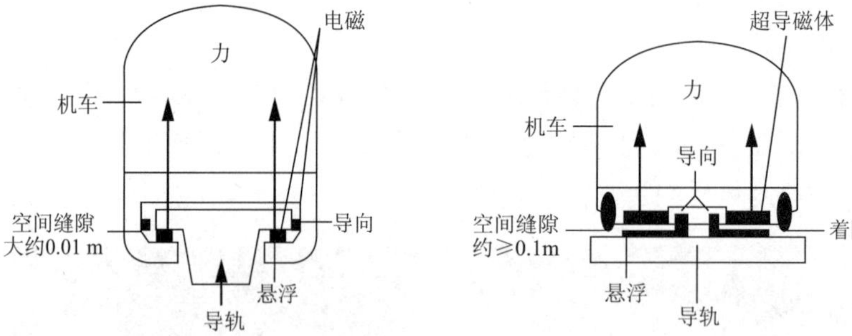

图2.24　磁悬浮列车悬浮系统示意图

2002年12月31日，上海磁浮线首次运营（见图2.25），是中国第一条磁悬浮列车（德产TR08），最高运营速度431 km/h，为我国实验磁悬浮列车积累了经验。2014年5月16日，长沙高铁站至黄花国际机场磁悬浮工程开工建设，2016年5月6日，中国首条具有完全自主知识产权的中低速磁悬浮商业运营示范线——长沙磁浮快线开通试运营。2015年4月21日，北京中低速磁浮交通线路S1线开工建设，2017年开通。2018年6月，中国首列商用磁浮2.0版列车在中车株洲电力机车有限公司下线。2.0版列车设计时速提升到了160 km，并采用三节编组，最大载客500人。此外，车辆牵引功率提升30%，悬浮能力提升6 t。2019年5月23日10时50分，中国时速600 km高速磁浮试验样车在青岛下线。这标志着中国在高速磁浮技术领域实现重大突破。

图2.25　上海磁浮铁路

3．城市轻轨

城市轻轨是城市客运有轨交通体系中的又一种形式。它一般有较大比例的专用车道，大多采用浅埋隧道或高架桥的方式，车辆和通信设备也是专门化的。轻轨克服了有轨电车运行速度慢、正点率低、噪声大的缺点，具有速度快、效率高、节省能源、无空气污染等优点。

2000年12月，上海建成了我国第一条轻轨铁路——明珠线（见图2.26），明珠线轻轨一期工程全长24.975 km，自上海市西南角的徐汇区开始，贯穿于长宁区、普陀区、闸北区、虹口区，直到东北角的宝山区，沿线共设19个车站，全线采用无缝线路，除了与上海火车站连接的轻轨车站外，其余全部采用高架桥形式。北京轻轨亦庄线，起点为地铁五号线宋家庄站，沿宋家庄路往南，跨过凉水河、四环路、铁路，至东南郊铁路环后折向东南，沿凉水河东岸至南五环路，跨过五环路后，沿南五环路南侧往东至亦庄开发区，终点为亦庄新城规划区东边界的亦庄火车站。正线全长约23.1 km，全线共设14个车站，设停车场和车辆段各一座，已于2010年建成通车。

城市轻轨交通运输是近年来全球轨道交通发展的新趋势，其与传统轨道运输相比具有以下的优点：

① 行车线路多经过居民区，对噪声控制和振动控制比较严格，除了对车辆结构采取减振措施及建筑声障屏外，对轨道结构也要求采取相应的措施。

图2.26　上海轻轨——明珠线

② 运营时间长，行车密度大，留给轨道的作业时间短，因而需采用高质量的轨道部件，一般用混凝土道床等维修量小的轨道结构。

③ 机车一般采用直流电机牵引，以轨道作为供电回路。为了减少泄漏电流的电解腐蚀，要求钢轨与基础间有较高的绝缘性能。

④ 线路中曲线段占的比例大，曲线半径比常规铁路小得多，一般为100 m左右，因此要解决好曲线轨道的构造问题。

2.6　工程建设

2.6.1　建设程序与建设法规

建国以来的基本建设实践告诉我们，违反建设程序，疏于管理，工程就会出乱子，甚至会造成不可挽回的重大损失。工程建设的复杂性和特殊性，更要求我们建立和完善建设法规，严格按基本建设程序办事，科学统筹，严格管理，在国家宏观调控的前提下，形成市场化运作为主的机制。

1. 建设程序的概念

建设程序是指一个建设项目从设想、选择、评估、决策、设计、施工到竣工验收，投入生产或交付使用的整个建设过程中，各项工作必须遵守的先后次序和相互关系的法则。这个法则是人们在认识客观规律的基础上制定出来的，是建设项目科学决策和顺利进行的重要保证。

2. 建设程序的步骤

建设程序的步骤如图2.27所示。根据我国现行规定，一般大中型及限额以上工程项目的基本建设程序可以分为以下七个阶段。

1）项目建议书阶段

项目建议书是业主单位向国家提出的要求建设某一项目的建议性文件，是对建设项目的轮廓设想。项目建议书的内容视项目的不同而有简有繁，但一般应包括以下几方面的内容：

（1）建设项目提出的必要性和依据。

（2）产品方案、拟建规模和建设地点的初步设想。

（3）资源情况、建设条件、协作关系等的初步分析。

（4）投资估算和资金筹措设想。

（5）项目的进度安排。

（6）经济效益和社会效益的估计。

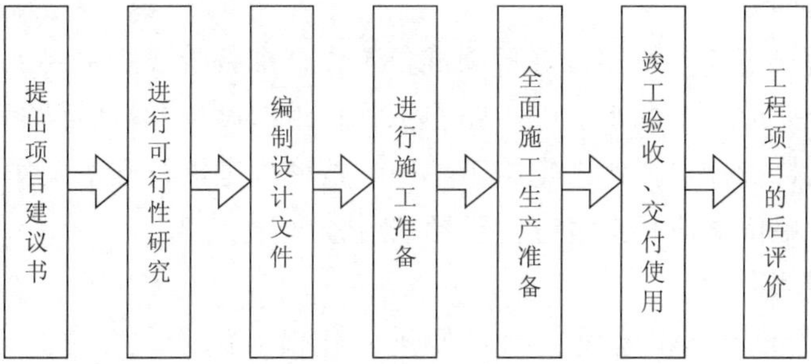

图2.27　建设程序步骤图

项目建议书按要求编制完成后，应根据建设规模分别报送有关部门审批，项目建议书经有关部门批准后，可以进行详细的可行性研究工作，但并不表明项目非上不可，项目建议书不是项目的最终决策依据。

2）可行性研究阶段

可行性研究是指在项目决策前，通过对与项目有关的工程、技术、经济等各方面条件和情况进行调查、研究、分析，对各种可能的建设方案进行比较论证，并对项目建成后的经济效益进行预测和评价的一种科学分析方法。

可行性研究的主要任务是通过多方案比较，提出评价意见，推荐评价最佳方案，为项目决策提供依据。

可行性研究报告经批准，项目才算正式“立项”。经批准后的可行性研究报告是初步设计的依据，不得随意修改和变更。如果在建设规模、产品方案、建设地区、主要协作关系等方面有变动或突破控制数时，应经原批准机关同意。

3）设计工作阶段

一般项目进行两阶段设计，即初步设计和施工图设计。但根据建设项目的不同情况，以及不同行业的特点和需要，可以增加技术设计阶段。

（1）初步设计

初步设计是根据可行性研究报告的要求所做的具体实施方案，目的是为了阐明在指定地点、时间和投资控制数额内，拟建项目在技术上的可能性和经济上的合理性，并通过对工程项目所做出的基本技术经济规定，编制项目总概算。

（2）技术设计

根据初步设计和更为详细的调查研究资料来编制，以进一步解决初步设计中的重大技术问题，如工艺流程、建筑结构、设备选型及数量确定等，以使建设项目的设计更具体、更完善、技术经济指标更好，并应编制修正总概算。

（3）施工图设计

根据初步设计或技术设计的要求，结合现场实际情况，完整地表现建筑物外形、内部空间分割、结构体系、构造情况以及建筑群的组成和周围环境的配合。它还包括各种运输、通信、管道系统、建筑设备的设计。在工艺方面，应具体确定各种设备的型号、规格及各种非标准设备的制造加工图，并应编制施工图预算。

4）施工准备阶段

项目在开工建设之前要切实做好各项准备工作，准备阶段的主要工作内容包括征地、拆迁和平整场地；完成施工用水、电、路等工程；组织设备、材料订货；准备必要的施工图纸；组织施工招标投标，择优选定施工单位。按照规定进行准备工作，并具备了开工条件以后，应由建设单位申请开工报告，经批准后方可开工。

5）建设实施阶段

建设项目经批准新开工建设，项目便进入建设实施阶段。这是项目决策的实施、建成投产发挥投资效益的关键环节。在实施阶段还要进行生产准备。它是建设阶段和生产阶段的过渡，是建设施工阶段转入生产经营的必要条件。生产准备工作一般包括下列内容：

① 组建管理机构，制定管理制度和有关规定。

② 招收并培训生产人员，组织生产人员参加设备的安装、调试和工程验收。

③ 签订原料、材料、协作产品、燃料、水、电等供应及运输的协议。

④ 进行工具、器具、备品、备件等的制造或订货。

⑤ 其他必需的生产准备工作。

6）竣工验收阶段

当建设项目按设计文件的规定内容全部施工完成以后，便可组织验收。竣工验收是工程建设过程的最后一个环节，是投资成果转入生产或使用的标志，是建设单位、设计单位和施工单位向国家汇报建设项目的生产能力或效益、质量、收益等全面情况及交付新增固定资产的过程。通过竣工验收，可以检查建设项目实际形成的生产能力或效益，也可避免项目建成后继续消耗建设费用。竣工验收后，建设单位应及时向建设行政主管部门或其他有关部门备案并移交建设项目档案。

7）后评价阶段

建设项目后评价是在工程项目竣工并生产运营一段时间后，再对项目的立项、决策、设计、施工、竣工、验收、生产经营全过程进行系统总结评价的一种技术活动，是固定资产管理的一项重要内容，也是固定资产投资管理的最后一个环节。只有通过项目后评价，才能及时总结项目管理各阶段的经验教训，进一步改进和完善项目管理工作，提高建设项目的投资效益。

按基本建设程序办事，还要区别不同的情况，具体项目具体分析。各行各业的建设项目，具体情况千差万别，本身都存在特殊性。而一般的基本建设程序，只反映它们共同的规律性，不可能反映各行业的差异性。因此，在建设实践中，要结合行业项目的特点和条件，有效地去贯彻执行基本建设程序。世界各国的工程项目建设程序大同小异。

3. 建设法规概述

1）建设法规的概念

建设法规是指国家权力机关或其授权的行政机关制定的，旨在调整国家及其有关机构、企事业单位、社会团体、公民之间在建设活动中或建设行政管理活动中发生的各种社会关系的法律、法规的总称。简言之，建设法规是在建设活动中国家权力机关或其授权的行政机关制定的用以调整各种社会关系的法律、法规的总称。

任何法律都以一定的社会关系为其调整对象。建设法规作为我国法律体系的组成部分亦不例外。调整对象是区分法律部门的重要标准。根据我国实际情况，建设法规用于调整建设活动中所发生的各种社会关系，它包括建设活动中所发生行政管理关系、经济协作关系及其相关的民事关系。

2）建设法规研究内容

涉及各类建设部门，如城市规划、市区公用事业、村镇建筑、工程建筑、房地产以及相关的环境保护、土地资源、矿产资源等。

因此，学习建设法规应从掌握基本概念、基本建设程序着手，并按建设程序的各过程学习相应法律、法规的基本内容。

为了达到上述目的，学习建设法规要借助许多相关的相邻专业学科，如城市规划、钢筋混凝土结构、砖石结构、建筑材料、水工建筑物、港口建筑物、钢结构、地基基础和工程施工等。

3）建设法规的构成

建设法规主要由建设行政法律、建设民事法律和建设技术法规构成，具体含义见表2.6。

表2.6　建设法规的构成及定义

构成		定　义
建设法规	建设行政法律	建设行政法律是指国家制定或认可，体现人民意志，由国家强制力保证实施的，并由国家建设管理机构从宏观上、全局上管理建筑业的法律规范。它在建设法规中居主要地位。如《中华人民共和国建筑法》（以下简称《建筑法》）就是我国工程建设和建筑业的一部大法，是建筑活动的基本法。又如城市规划法、工程设计法、税法等
	建设民事法律	建设民事法律是指国家制定或认可的，体现人民意志的，由国家强制力保证其实施的调整平等主体的公民之间、法人之间、公民与法人之间的建设关系的行为准则。如《建设合同法》《建设企业法》等
	建设技术法规	建设技术法规是指国家制定或认可的，由国家强制力保证其实施的工程建设勘察、规划、建设、施工、安装、检测、验收等技术规程、规划、规范、条例、办法、定额、指标等规范性文件。如《施工验收规范》《建设定额》等

4）建设法规的实施

建设法规的实施，指国家机关及其公务员、社会团体及公民实现建设法规规范的活动，包括建设法规的执行、司法和守法三个方面。建设法规的司法又包括行政司法和专门机关司法两方面。

（1）建设行政执法

建设行政执法，指建设行政主管部门和被授权或被委托的单位，依法对各项建设活动和建设行为进行检查监督，并对违法行为执行行政处罚的行为，具体包括：

① 建设行政决定，指执法者依法对相对人的权利和义务作出单方面的处理，包括行政许可、行政命令和行政奖励。

② 建设行政检查，指建设行政执法者依法对相对人是否守法的事实，进行单方面的强制性了解，主要包括实地检查和书面检查两种。

③ 建设行政处罚，指建设行政主管部门或其他权利机关对相对人实行惩戒或制裁的行为，主要包括财产处罚、行为处罚和申诫处罚三种。

④ 建设行政强制执行，指在相对人不履行行政机关所规定的义务时，特定的行政机关依法对其采取强制手段，迫使其履行义务。

（2）建设行政司法

建设行政司法指建设行政机关依据法定的权限和法定的程序进行行政调解、行政复议和行政仲裁，以解决相应争议的行政行为。

① 行政调解，指在行政机关的主持下，以法律为依据，以自愿为原则，通过说服教育等方法，促使双方当事人通过协商互谅达成协议。

② 行政复议，指在相对人不服行政执法规定时，依法向指定的部门提出重新处理申请。

③ 行政仲裁，指国家行政机关以第三者身份对特定的民事、经济的劳动争议居中调解，作出判断和裁决。

（3）专门机关司法

专门机关司法指国家司法机关，主要指人民法院依照诉讼程序对建设活动中的争议与违法建设行为作出的审理判决活动。

（4）建设法规的遵守

建设法规的遵守指从事建设活动的所有单位和个人，必须按照建设法规的要求，实施建设行为，不得违反。

2.6.2 建设工程招标与投标

1. 概述

1）招标投标的概念

建设工程招标是指招标人在发包建设项目之前，公开招标或邀请投标人，根据招标人的意图和要求提出报价，择日当场开标，以便从中择优选定中标人的一种经济活动，如图2.28所示。

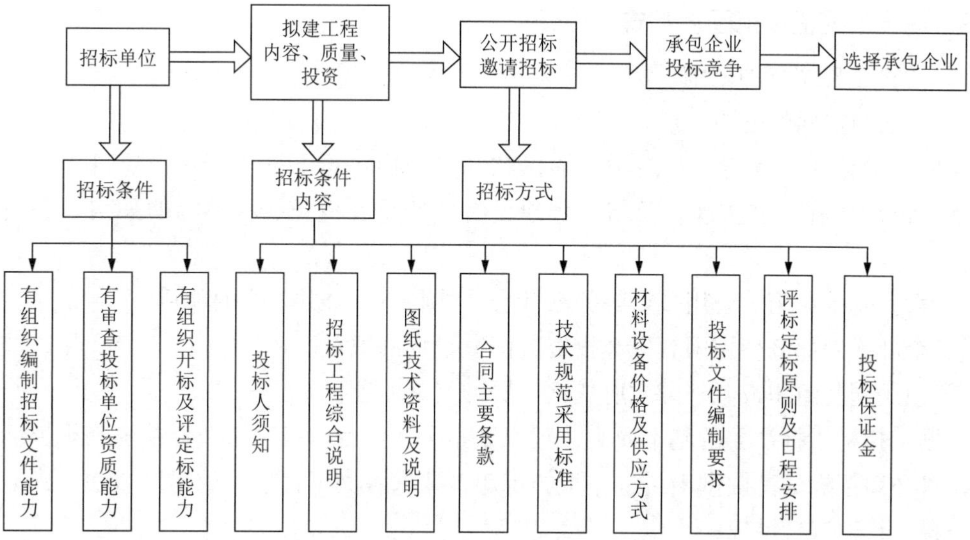

图2.28　招标

建设工程投标是工程招标的对称概念，指具有合法资格和能力的投标人根据招标条件，经过初步研究和估算，在指定期限内填写标书，提出报价，并等候开标，决定能否中标的经济活动，如图2.29所示。

2）建设工程招标投标的原则

招标投标活动应遵循公开、公平、公正和诚实信用的原则。即建设单位就拟建的工程发布通告，通过法定方式吸引建设项目的承包单位参加竞争，进而通过法定程序从中选择条件优越者完成工程建设任务的法律行为。建设工程投标一般是经过特定审查而获得投标资格的建设项目承包单位，按照招标文件的要求，在规定的时间内向招标单位填报投标书，并争取中标的法律行为。

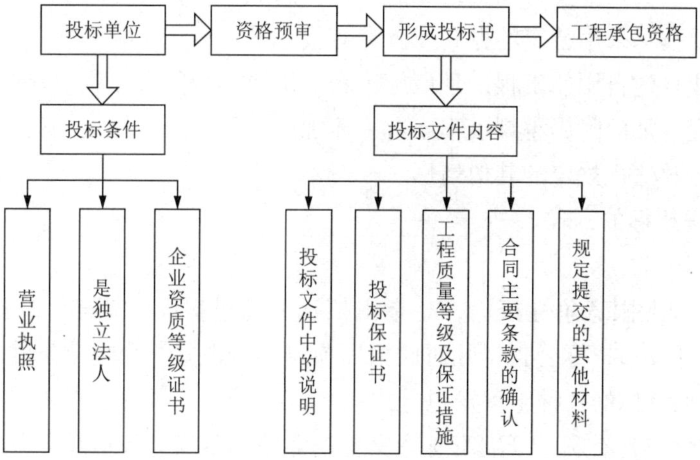

图2.29　投标

2. 建设工程招标范围、方式、种类

1）建设工程招标的范围

（1）强制招标的范围

《招标投标法》规定，凡在中华人民共和国境内进行下列工程建设项目，包括项目的勘察、设计、施工、监理以及与工程建设有关的重要设备、材料等的采购，必须进行招标。

① 大型基础设施、公用事业等关系社会公共利益、公共安全的项目；

② 全部或者部分使用国有资金投资或国家融资的项目；

③ 使用国际组织或者外国政府贷款、援助资金的项目。

依据《招标投标法》的基本原则，国家颁布了《工程建设项目招标范围和规模标准规定》，对必须招标的范围做出了进一步的规定，要求各类工程项目的建设活动达到下列标准之一者，必须进行招标：

① 施工单项合同估算价在200万元人民币以上；

② 重要设备、材料等货物的采购，单项合同估算价在100万元人民币以上；

③ 勘察、设计、监理等服务的采购，单项合同估算价在50万元人民币以上；

为了防止将应该招标的工程项目化整为零规避招标，即使单项合同估算价低于上述规定的标准，但项目总投资在3 000万元人民币以上的勘察、设计、施工、监理以及与工程建设有关的重要设备、材料等的采购，也必须采用招标方式委托工作任务。

（2）直接发包

按照规定，属于下列情形之一的，可以不进行招标，采用直接发包的方式委托建设任务：

① 涉及国家安全、国家秘密或者抢险救灾而不适宜招标的；

② 属于利用扶贫资金实行以工代赈需要使用农民工的；

③ 施工主要技术采用特定的专利或者专有技术的；

④ 施工企业自建自用的工程，且该施工企业资质等级符合工程要求的；

⑤ 在建工程追加的附属小型工程或者主体加层工程，原中标人仍具备承包能力的；

⑥ 法律、行政法规规定的其他情形。

2）建设工程招标的方式

（1）公开招标

公开招标又称无限竞争性招标，是指由招标人通过报纸、杂志、广播、电视等大众媒体，向社会公开发布招标公告，凡对此招标项目感兴趣并符合规定条件的不特定的承包商，都可自愿参加竞标的一种工程发包方式。

公开招标的优点是有利于开展真正意义上的竞争，最充分地展示公开、公平、公正竞争的招标原则，防止和克服垄断；能有效地促使承包商在增强竞争实力上修炼内功，努力提高工程质量，缩短工期，降低造价，求得节约和效率，创造最合理的利益回报；有利于防范招标投标活动操作人员和监督人员的舞弊现象。

公开招标的缺点是由于公开招标，往往参加竞争的投标人越多，每个参加者的中标概率将越小，白白损失投标费用的风险也越大；招标人审查投标人资格、投标文件的工作量比较大，耗费的时间长，招标费用支出也比较多。

可以采用公开招标的工程范围包括国务院发展计划部门确定的国家重点建设项目和各省、自治区、直辖市人民政府确定的地方重点建设项目，以及不使用国有资金投资或者国有资金投资占控股或者主导地位的工程建设项目，应当公开招标。

（2）邀请招标

邀请招标又称有限竞争性招标或选择性招标，是指由招标人根据自己的经验和掌握的信息资料，向被认为有能力承担工程经预先选择的特定的承包商发出邀请书，要求他们参加工程的投标竞争。

其优点是简化程序，节约招标费用时间，避免因互相串通、抬高标价而提高中标概率。

其缺点是信息资料有限，范围较窄，有可能失去最具竞争力的投标人。

可以采用邀请招标的工程范围包括项目技术复杂或有特殊要求，只有少量几家潜在投标人可供选择的；受自然地域环境限制的；涉及国家安全、国家秘密或者抢险救灾，适宜招标但不宜公开招标的；拟公开招标的费用与项目的价值相比不合理的；法律、法规规定不宜公开招标的。国家重点建设项目的邀请招标，应当经国务院发展计划部门批准；地方重点建设项目的邀请招标，应当经各省、自治区、直辖市人民政府批准。

3）建设工程招标的种类

（1）建设工程项目总承包招标

建设工程项目总承包招标又称为“交钥匙”承包方式，是指从项目建议书开始，包括可行性研究报告、勘察设计、设备材料询价与采购、工程施工、生产准备、投料试车，直到竣工投产、交付使用全面实行招标。而工程总承包企业根据建设单位提出的工程使用要求，对项目建议书、可行性研究、勘察设计、设备询价与选购、材料订货、工程施工、职工培训、试生产、竣工投产等实行全面投标报价。

（2）建设工程勘察招标

招标人就拟建工程的勘察任务发布通告，以法定方式吸引勘察单位参加竞争，经招标人审查获得投标资格的勘察单位按照招标文件的要求，在规定的时间内向招标人填报标书，招标人从中选择条件优越者完成勘察任务。

（3）建设工程设计招标

招标人就拟建工程的设计任务发布通告，以吸引设计单位参加竞争，经招标人审查获得投标资格的设计单位按照招标文件的要求，在规定的时间内向招标人填报标书，招标人从中择优确定中标单位来完成工程设计任务。

（4）建设工程施工招标

建设工程施工招标是指招标人就拟建的工程发布公告或者邀请，以法定方式吸引建筑施工企业参加竞争，招标人从中选择条件优越者完成工程建设任务的法律行为。

（5）建设工程监理招标

招标人为了委托监理任务的完成，以法定方式吸引监理单位参加竞争，招标人从中选择条件优越者的法律行为。

（6）建设工程材料设备招标

建设工程材料设备招标是指招标人就拟购买的材料设备发布公告或者邀请，以法定方式吸引建设工程材料设备供应商参加竞争，招标人从中选择条件优越者购买其材料设备的法律行为。

3. 建设工程招投标程序

1）建设工程招标程序

（1）建设单位完成工程报建，成立招标组织

该组织必须具备一定条件，并经过招、投标办审查批准后方可开展工作。

（2）提出招标申请并进行招标登记

建设单位向招投标办提出申请，经审查批准后，进行登记，领取有关表格。其招标申请内容包括招标工程具备的条件、招标单位的资质、拟采用的招标方式、对招标企业的资质要求或拟选择的投标企业等。

（3）编制资格预审文件和招标文件

招标文件是投标单位编制标书的主要依据，包括工程综合说明、工程设计图纸、技术资料及技术说明书，银行资金证明，特殊工程的施工要求以及采用的技术规范，投标文件的编制要求及评标、定标原则，投标、开标、评标、定标等活动的日程安排，投标须知，合同主要条款及其他有关内容。

（4）编制标底，报主管部门审批

标底是招标工程的期望价格，即由招标单位自行编制或委托经建设行政主管部门认定具有相应资质的咨询、监理机构编制，并经招标投标管理机构审定的发包价格。

（5）发布招标公告或招标邀请书

实行公开招标的，应在国家或地方指定的期刊、信息网或其他媒体上发布，同时应在中国工程建设和建筑业信息网上发布公告；实行邀请招标的不发布招标公告，而是向三名以上符合资质条件的投标人发送投标邀请书。

（6）投标单位资格预审

通过对申请单位填报的预审文件和资料进行评比和分析，确定出预审合格的申请单位名单，报招标投标管理机构审查核准。

（7）发售招标文件

将招标文件发放给通过资格预审获得投标资格的投标单位。不进行资格预审的，发放给愿意参加投标的单位。招标文件是投标人编制投标文件和报价的依据。

（8）组织踏勘现场及答疑

招标人在投标须知规定的时间组织投标人进行现场考察，从而让投标人了解工程项目的现场情况、自然条件、施工条件以及周边环境条件，以便于编制投标书。

（9）投标预备会

投标预备会的目的在于澄清招标文件中的疑问，解答投标单位对招标文件和勘察现场中所提出的疑问，包括书面和口头提出的询问。

（10）召开开标会议

投标截止后，按规定时间、地点，邀请有关主管部门，在所有投标人参加的情况下召开开标会议。开标会议宣布开始后，应首先请各投标单位代表确认其投标文件的完整性，并签字予以确认。当众宣读评标原则、评标方法。唱标顺序按照各投标单位报送投标文件时间先后的逆顺序进行。剔除无效标，当众宣读有效标函的投标单位名称、投标报价、质量、主要材料用量和有无投标保函等投标文件中的主要内容，如图2.30所示。

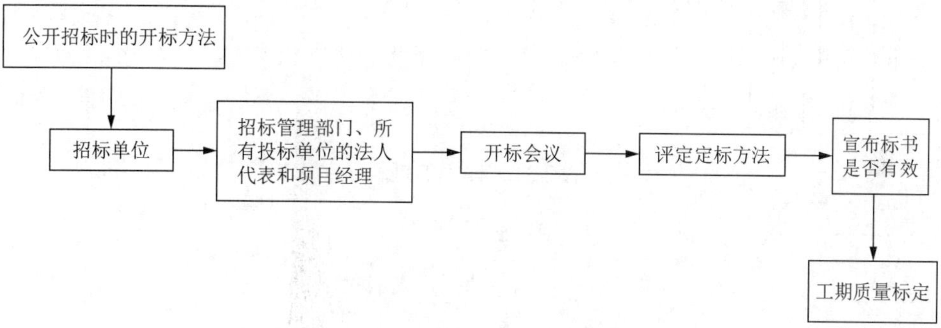

图2.30　开标的过程

（11）评标

评标是指开标以后，招标单位对所有投标人提交的合格投标书进行审查评定。评标工作由评标小组完成，评标小组由招标人的代表和有关技术、经济等方面的专家组成，人数为五人以上单数，其中专家不得少于成员总数的三分之二。评标小组以招标文件为依据，可按两段三审进行，两段指初审和终审；三审指符合性评审、技术性评审和商务性评审。评审完成后评标小组应提交评标报告。评标报告内容应包括评标情况说明、对各投标书的评价、推荐合格的中标人或候选人等内容，评标的过程如图2.31所示。

（12）定标

《招标投标法》规定，中标人确定后，招标人应当向中标人发出中标通知书，并同时将中标结果通知所有未中标的投标人。招标人和中标人应当自中标通知书发出之日起30日内，按照招标文件和中标人的投标文件签订书面合同。招标文件要求中标人提交履约保证金的，中标人应当提交。确定中标人后15天内，招标人应向有关行政监督部门提交招标投标情况的书面报告，如图2.32所示。

2）建设工程投标程序

① 对是否参加投标进行决策。

② 报名参加投标。

③ 领取招标文件（经审查合格的企业）。

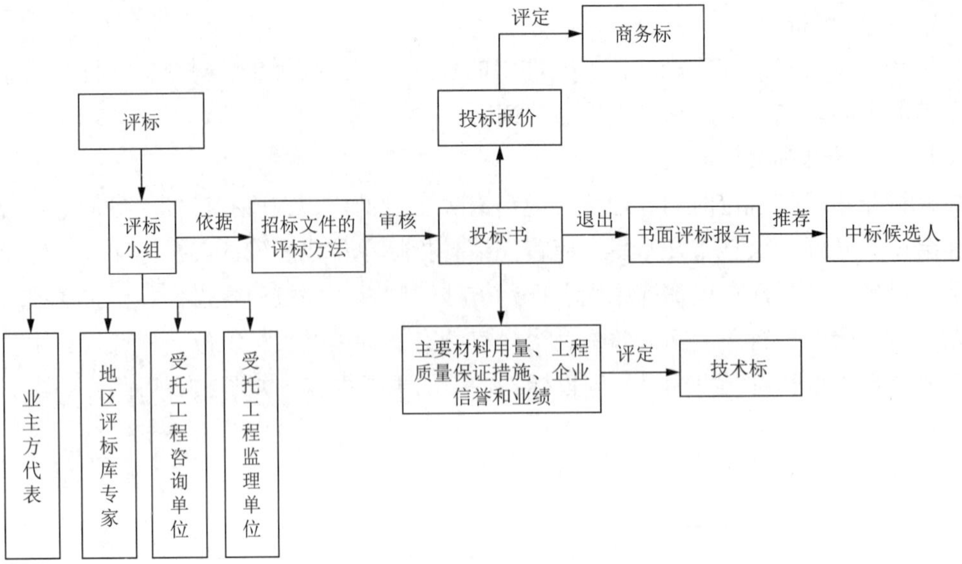

图2.31　评标的过程

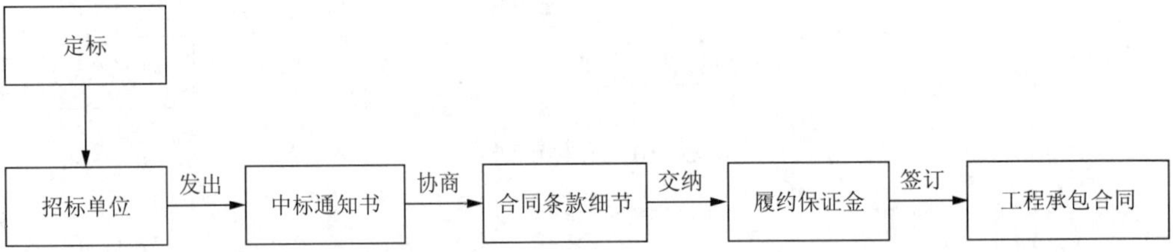

图2.32　定标的过程

④ 研究招标文件。根据招标文件认真研究工程条件、招标文件中的质量要求及合同条件，弄清承包责任和报价范围。对招标文件有疑问需要澄清的，应以书面文件向招标人提出。

⑤ 参加现场考察，提出质疑问题。

⑥ 参加标前会议，确定投标策略。

⑦ 编制投标文件。根据招标文件和工程技术规范要求，计算投标报价，编制投标文件。投标文件应包括：投标函、投标报价、投标担保、招标文件要求提供的其他材料。若招标文件允许投标人提供备选标的，投标人可以按照招标文件要求提交替代方案，并做出相应报价作为备选标。

⑧ 投送投标文件。应在要求提交投标文件的截止时间，将投标文件密封送达投标地点，在开标前任何单位或个人不得启封。

⑨ 参加开标会议。经公证机关确认有效后，由有关人员当众拆封，宣读投标文件主要内容。

⑩ 订立合同。按招、投标文件订立书面合同，订立书面合同7天内，中标人应将合同送县级以上工程所在地的建设行政主管部门备案。

2.6.3　建设项目管理

1. 建设项目管理的概念

1）建设项目管理的概念

建设项目管理是以建设项目为对象，在既定的约束条件下，为最优地实现项目的质量、投资/成本、工期的建设目标，根据建设项目的内在规律，对从项目构思到项目完成（指项目竣工并交付使用）的全过程进行的计划、组织、协调和控制。对于这个概念需要作以下说明：

（1）管理的对象

管理的对象是建设工程项目生命周期的全过程，包括项目可行性研究及决策、设计、工程招投标及采购、施工等工作内容，而不仅仅是其中的某一阶段。这是指广义的建设项目管理对象，而狭义的建设项目管理对象是包括项目立项以后项目建设实施的全过程。

（2）管理的主体

管理的主体是多方面的。一般来说，在建设工程项目生命周期的全过程中，除业主为项目的顺利完成而进行必要的项目管理外，设计单位、监理单位、工程施工的承包商和材料设备的供应商等也分别站在各自立场上进行项目管理。另外，政府部门也要对项目的建设给予必要的监督管理。

（3）管理的任务

管理的任务可概括为最优地实现项目的投资/成本、工期、质量三大项目建设目标。该任务界定了项目管理的主要内容："三控制、三管理、一协调"，即投资/成本控制、进度控制、质量控制、合同管理、安全管理、信息管理和组织协调。

2）建设项目管理的基本目标和预期目标

（1）基本目标

以工程建设作为基本任务的项目管理，其基本的目标是在限定的时间内，在限定的资源（如资金、劳动力、设备材料等）条件下，以尽可能快的速度、尽可能低的费用（成本或投资）圆满完成项目任务。

（2）预期目标

① 在预定的时间内完成项目的建设，及时地实现投资目的，达到预定的项目要求。

② 在预算费用（成本或投资）范围内完成，尽可能地降低费用消耗，减少资金占用，保证项目的经济性。

③ 满足预定的使用功能要求，达到预定的生产能力或使用效果，能经济、安全、高效率地运行并提供较好的运行条件。

④ 能为使用者（用户）接受和认可，同时又照顾到社会各方面及各参加者的利益，使得各方面都感到满意，企业由此获得了信誉和形象。

⑤ 能合理、充分、有效地利用各种资源。

⑥ 项目实施按计划、有秩序地进行，变更较少，没有发生事故或其他损失，较好地

解决项目过程中出现的风险、困难和干扰。

⑦ 与环境协调一致，即项目必须为它的上层系统所接受，包括与自然环境的协调，没有破坏生态或恶化自然环境，具有良好的审美效果；与人文环境的协调，没有破坏或恶化优良的文化氛围和风俗习惯；项目的建设与运行和社会环境有良好的接口，为法律允许或至少不能招致法律问题，有助于社会就业、社会经济发展。

要取得完全符合上述每一个条件的项目几乎不可能，因为这些条件之间有许多矛盾，常常相悖。在一个具体的项目中常常需要确定它们的重要性（优先级），有的必须保证，有的尽可能照顾，有的又不能保证。这就属于项目目标的优化。

2. 建设项目管理模式

1）传统模式

传统模式又称为通用模式，指业主与建筑师/工程师签订专业服务合同，在其帮助下，业主通过竞争性招标将工程施工任务交与报价最低且/或最具资格的投标人（总承包商）来完成，如图2.33所示。承包商同分包商签订分包合同，同供应商签订供应合同。建筑师与工程师和承包商没有合同关系，但受业主委托对工程项目进行监督与控制。

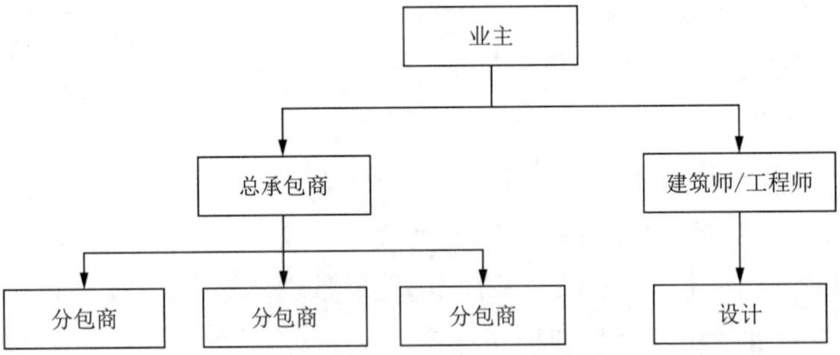

图2.33　传统模式示意图

2）设计－施工总承包

这是指业主将工程项目的全部设计和施工任务发包给一家具有工程项目总承包资质的承包商，如图2.34所示。对于承包的工程，总承包企业可以自行完成部分设计与施工任务，其余部分适合分包的设计、施工任务，在取得业主认可后，再发包给分包单位完成。

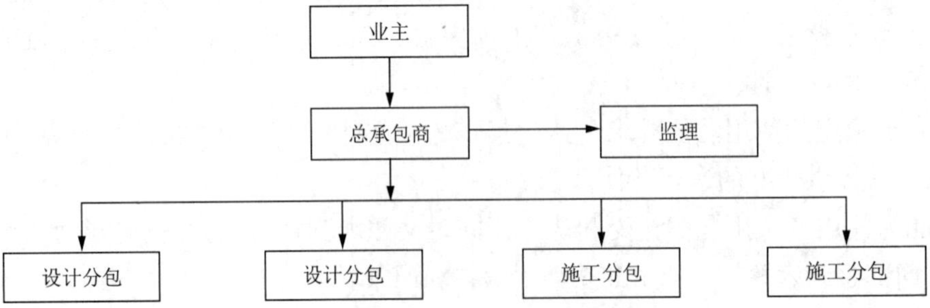

图2.34　设计—施工总承包模式示意图

3）工程项目总包

工程项目总包也称一揽子承包，或叫“交钥匙”承包。这种承包方式，业主对拟建项目的要求和条件，只概略地提出一般意向，而由一家总承包商对工程项目进行可行性研究，并对工程项目建设的计划、设计、采购、施工和竣工等全部建设活动实行总承包。而其与业主的合同通常采取“固定总价或可调总价合同”方式。

4）CM模式

CM模式是由业主委托一家公司以一个承包商的身份，采取设计与施工搭接的方式进行施工管理，直接承担或组织分包商施工，在一定程度上影响或参与设计，而其与业主的合同通常采取“成本价利润”方式的一种建筑工程管理模式，如图2.35所示。

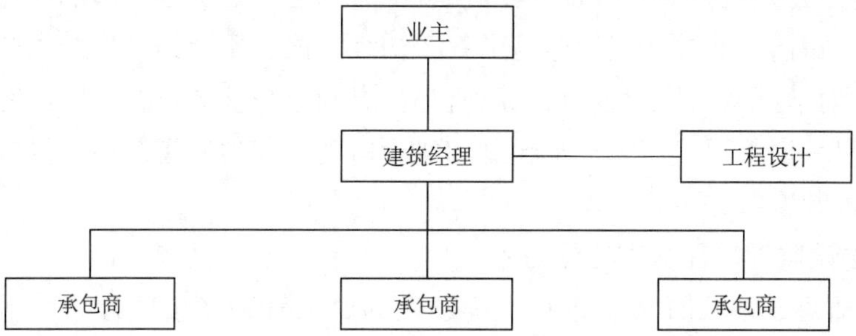

图2.35　CM模式示意图

5）BOT模式

BOT是英文Build-Operate-Transfer三个词的缩写，字面意思是建设、经营和转让。它是指东道国政府开放本国基础设施建设和运营市场，吸收国外资金、本国私人或公司资金，授给项目公司特许权，由该公司负责融资和组织建设，建成后负责运营及偿还贷款。在特许期满时将工程无偿或以象征性价格移交给东道国政府。BOT项目参与各方的关系如图2.36所示。

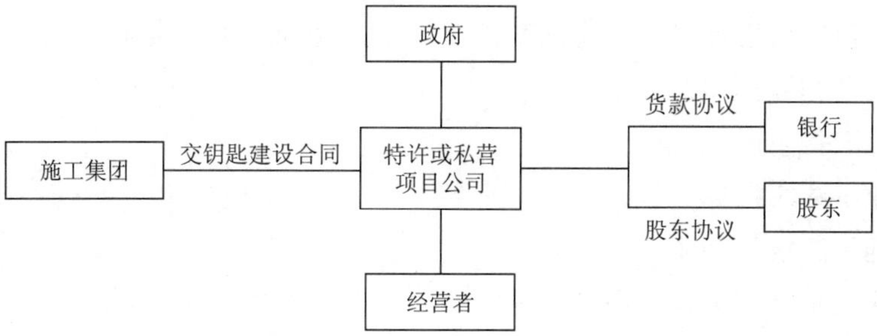

图2.36　BOT项目参与各方的关系

2.6.4　建设工程监理

建设工程监理制度，是我国工程建设管理体制的一项重要改革，自1988年我国开始试行建设工程监理制以来，逐年迅速在全国推广开来。近20年的工程监理实践表明，实行这项制度可以有效地控制建设工期、确保工程质量和控制建设投资，从而促进工程建设水平和投资效益的提高，保证国家建设计划的顺利实施，为我国建设事业的稳步、持续、高速、健康发展发挥独特的作用。

1．建设工程监理概述

1）建设工程监理概念

建设工程监理是指具有相应资质的监理企业，接受建设单位的委托，依据建设行政法规和技术标准，综合运用法律、经济和技术手段控制工程建设的投资、工期和质量，代表建设单位对承建单位的建设行为进行专业化监督和管理的服务活动。建设工程监理是商品经济发展的产物，而且随着商品经济的发展不断得到充实和完善。

建设工程监理大致包括对投资结构和项目决策的监理、对建设市场的监理、对工程建设实施的监理。目前，我国的建设监理尚处于初级阶段，主要是指后两种监理。其对象包括新建、改建和扩建的各种工程项目。政府和公有制企事业单位投资的工程以及外资、中外合资建设项目一般都要实行招标承包制和建设监理。其他所有制单位投资的工程，也要引导实行这两种制度。

2）工程建设监理的任务和工作内容

工程建设监理的主要任务是进行工程建设的合同管理，按照合同控制工程建设的投资、工期和质量，并协调有关各方的工作关系。围绕这个任务，其监理的主要业务内容如下：

（1）设计前期阶段

① 投资决策咨询和项目评估；

② 建设项目的可行性研究；

③ 参与设计任务书的编制。

（2）设计阶段

① 审查或评选设计方案；

② 协助选择勘察设计单位，协助签订勘察设计合同并组织实施；

③ 审查设计和概（预）算。

（3）施工准备阶段

① 协助业主编制招标文件；

② 审查施工图设计和概（预）算；

③ 协助业主组织招标投标活动；

④ 协助业主与中标单位签订承包合同。

（4）施工阶段

① 协助编写开工报告，下达开工令；

② 确定承包商，选择分包单位；

③ 审查并修改承包商提出的施工组织设计、施工技术方案和施工进度计划；

④ 审查承包商提出的材料和施工设备清单及其所列的规格与质量；

⑤ 检查工程使用的材料、构件和设备的规格与质量，检查施工技术措施和安全防护设施；

⑥ 检查工程进度和施工质量，验收部分项目工程，签署工程付款凭证；

⑦ 督促严格履行工程承包合同，调解合同双方的争议，处理索赔事项；

⑧ 协商处理设计变更，并报业主决定；

⑨ 督促整理合同文件和技术档案资料；

⑩ 组织设计单位和施工单位进行工程竣工初步验收，提出竣工验收报告，审查工程结算。

（5）保修阶段

① 负责检查工程质量状况；

② 鉴定质量责任问题；

③ 督促保修。

2. 建设工程监理的作用

建设单位的工程项目实行专业化、社会化管理在外国已有一百多年的历史，现在越来越显现出强劲的生命力，在提高投资的经济效益方面发挥了重要作用。我国实施建设工程监理的时间虽然不长，但已经发挥出明显的作用，为政府和社会所承认。建设工程监理的作用主要表现在以下几方面。

1）有利于提高建设工程投资决策科学化水平

在建设单位委托工程监理企业实施全方位全过程监理的条件下，在建设单位有了初步的项目投资意向之后，工程监理企业可协助建设单位选择适当的工程咨询机构，管理工程咨询合同的实施，并对咨询结果（如项目建议书、可行性研究报告）进行评估，提出有价值的修改意见和建议；或者直接从事工程咨询工作，为建设单位提供建设方案。这样，不仅可使项目投资符合国家经济发展规划、产业政策、投资方向，而且可使项目投资更加符合市场需求。工程监理企业参与或承担项目决策阶段的监理工作，有利于提高项目投资决策的科学化水平，避免项目投资决策失误，也为实现建设工程投资综合效益最大化打下了良好的基础。

2）有利于规范工程建设参与各方的建设行为

工程建设参与各方的建设行为都应当符合法律、法规、规章和市场准则。要做到这一点，仅仅依靠自律机制是远远不够的，还需要建立有效的约束机制。为此，首先需要政府对工程建设参与各方的建设行为进行全面的监督管理，这是最基本的约束，也是政府的主要职能之一。但是，由于客观条件所限，政府的监督管理不可能深入到每一项建设工程的实施过程中，因而，还需要建立另一种约束机制，能在建设工程实施过程中对工程建设参与各方的建设行为进行约束。建设工程监理制就是这样一种约束机制。

在建设工程实施过程中，工程监理企业可依据委托监理合同和有关的建设工程合同对承建单位的建设行为进行监督管理。由于这种约束机制贯穿于工程建设的全过程，采用事前、事中和事后控制相结合的方式，因此可以有效地规范各承建单位的建设行为，最大限度地避免不当建设行为的发生。即使出现不当建设行为，也可以及时加以制止，最大限度地减少其不良后果。应当说，这是约束机制的根本目的。另一方面，由于建设单位不了解建设工程有关的法律、法规、规章、管理程序和市场行为准则，也可能发生不当建设行为。在这种情况下，工程监理单位可以向建设单位提出适当的建议，从而避免发生建设单位的不当建设行为，这对规范建设单位的建设行为也可起到一定的约束作用。当然，要发挥上述约束作用，工程监理企业首先必须规范自身的行为，并接受政府的监督管理。

3）有利于促使承建单位保证建设工程质量和使用安全

建设工程是一种特殊的产品，不仅价值大、使用寿命长，而且还关系到人民的生命财产安全、健康和环境。因此，保证建设工程质量和使用安全就显得尤为重要，在这方面不允许有丝毫的懈怠和疏忽。

工程监理企业对承建单位建设行为的监督管理，实际上是从产品需求者的角度对建设工程生产过程的管理，这与产品生产者自身的管理有很大的不同。而工程监理企业又不同于建设工程的实际需求者，其监理人员都是既懂工程技术又懂经济管理的专业人士，他们有能力及时发现建设工程实施过程中出现的问题，发现工程材料、设备以及阶段产品存在的问题，从而避免留下工程质量隐患。因此，实行建设工程监理制之后，在加强承建单位自身对工程质量管理的基础上，由工程监理企业介入建设工程生产过程的管理，对保证建设工程质量和使用安全有着重要作用。

4）有利于实现建设工程投资效益最大化

建设工程投资效益最大化有以下3种不同表现：

① 在满足建设工程预定功能和质量标准的前提下，建设投资额最少；

② 在满足建设工程预定功能和质量标准的前提下，建设工程寿命周期费用（或全寿命费用）最少；

③ 建设工程本身的投资效益与环境、社会效益的综合效益最大化。

实行建设工程监理制之后，工程监理企业一般都能协助建设单位实现上述建设工程投资效益最大化的第一种表现，也能在一定程度上实现上述第二种和第三种表现。随着建设工程寿命周期费用思想和综合效益理念被越来越多的建设单位所接受，建设工程投资效益最大化的第二种和第三种表现的比例将越来越大，从而大大地提高我国全社会的投资效益，促进我国国民经济的发展。

第3章　轨道交通载运设备

3.1　轨道交通载运设备概述

轨道交通种类繁多，广义上的轨道交通是指各种由列车、铁路轨道、车站和调度系统（包括调度设备和调度人员）所共同组成的路面交通运输工具，包括一切传统铁路系统和新型轨道系统。在世界范围内轨道交通因地区、国家、城市的不同，服务对象不同等因素，技术指标差异较大，评价标准不同，因此无严格的分类，我国通常按传统铁路、城际轨道铁路和城市轨道交通分类。

传统铁路是最早的轨道交通，分普速铁路和高速铁路两大类。主要负责大规模兼远距离的客货运输，普通铁路通常由大型机车牵引多节车厢进行运载。传统铁路在中短距离市域铁路中的运用同样很广泛，如北京和温州的市域铁路，都采用了传统铁路技术。传统铁路是轨道交通的核心成员，事关国家的经济和军事命脉。

城际轨道交通是一种综合属性介于传统铁路和城市轨道交通之间的新兴轨道交通类型。它主要负责高速度兼中距离的旅客运输，通常由大型动车组运载乘客以实现相邻城市间的快速联络，满足城市群间的沟通交流。城际轨道交通一般采用传统铁路技术，所以又称城际铁路，部分城际轨道交通采用地铁系统技术。

城市轨道交通是以电能为主要动力能源，采用轮轨运转体系的大运量快速公共交通系统。它主要负责无障碍兼短距离的旅客运输，通常由轻型动车组或有轨电车作为运送载体，有效缓解城市内部密集客流的交通压力。

3.1.1　轨道交通运输对载运设备的要求

传统铁路是我国主要运输方式，在国民经济中起着非常重要的作用，是国民经济发展的先导。解决铁路运能不足的根本措施是增加新线，改造既有线路，铺设复线，增加机车车辆及各种先进的铁路设施，开行高速旅客列车和重载货物列车。铁路运输是一个系统工程，要提高铁路运能，必须加强铁路运输中每一个环节。每一个环节健全了，才能全面提高铁路的运输能力。

传统铁路车辆是铁路运输中直接载运旅客和货物的工具，是铁路中的一个主要环节。完成铁路运输任务要求有足够数量、品种齐全、质量优异的车辆。

传统铁路运输的任务包括运送旅客和货物两大类。运送旅客和运送货物对车辆的要求是不同的。运送旅客的客车要求运行平稳、乘坐舒适、旅行安全和方便，满足旅客在旅行生活中的各种需求。因此客车上要配备运行品质良好的走行装置，车厢内应有舒适的坐席和卧铺，明亮开阔的窗户，性能良好的通风装置，照明装置，加温、降温设施，解决饮水、膳食的设施，卫生设施和行李设施。车厢内还应有便于旅客上下车和适当活动的场所，根据不同要求还要装置广播、电视、通信、信息设备和安全检测装置。运送货物的车辆则应根据所运货物不同而有不同的结构。例如有些货物怕日晒雨淋，需要车辆有防雨防晒结构，有些货物需要保温或低温，有些货物是液体，有些货物是气体，有些货物是散粒或粉末，有时还要运输活家畜、活水产，铁路车辆应有相应的结构来满足这种运输要求。铁路还承担特大、特重的货物运输，也应准备某些特种车辆来满足这类货物的运输。有些车辆要求通用性强，在结构上要考虑运送各种货物的可能性；有些车辆考虑卸货方便，设有自动卸货机构；有的车辆用翻车机卸货，车辆结构要适应翻车机的要求。由于运输的要求不同，所以旅客车辆有硬座、软座、硬卧、软卧、餐车、行李车、邮政车、发电车、公务车等；货物车辆有平车、敞车、棚车、罐车、自翻车、漏斗车、冷藏车、家畜车等，品种、类型繁多。

随着经济的发展，城市人口不断增多，生活质量逐步提高，人们对客运交通服务的要求越来越高，大运量的地铁、轻轨等轨道交通运输方式要求载运设备更快捷、准时、舒适、安全，以解决大城市日益增长的客运需求，为城市进一步发展提供良好的条件。世界各国城市交通发展经验表明：现代大城市形成以轨道交通为主、各种交通工具协调发展的格局，逐步形成多层次、立体化的综合交通体系，是解决大城市交通的途径。

随着社会的进步，运输对载运设备的要求越来越高，客运的高速、大运量，货运的重载，都对载运设备利用新材料、新工艺、新技术提出了更高的要求。

3.1.2 轨道交通车辆的基本特点

轨道交通车辆与其他车辆的最大不同点，在于这种车辆的轮子必须在专门为它铺设的钢轨上运行。这种特殊的轮轨关系成了轨道交通车辆结构上最大的特征，并由此产生出其他的特点。

① 自行导向：除轨道交通车辆之外的各种运输工具几乎全有操纵运行方向的机构，唯轨道交通车辆通过其特殊的轮轨结构，车轮即能沿轨道运行而无须由专人掌握运行的方向。

② 低运行阻力：除坡道、弯道及空气对车辆的阻力之外，运行阻力主要来自走行机构中的轴与轴承以及车轮与轨面的摩擦阻力。车轮及钢轨都是含碳量偏高的钢材，轮轨接触处的变形较小，而且铁道线路的结构状态也尽量使其运行阻力减小，故轨道交通车辆运行中的摩擦阻力较小。

③ 成列运行：由于以上两个特点决定它可以编组、连挂组成列车。为了适应成列运行的特点，车与车之间需设连接、缓冲装置；且由于列车的惯性很大，每辆车均需设制动装置。

④ 严格的外形尺寸限制：轨道交通车辆只能在规定的线路上行驶，无法像其他车辆那

样主动避让靠近它的物体，为此要制定限界，严格限制车辆的外形尺寸以确保运行安全。

除此之外，随着高速铁路和城市轨道交通的快速发展，对轨道交通车辆在动力性能好，安全可靠性高，故障率低，设备先进，乘车体验舒适，节约能源和减少大气污染以及对高铁车辆的高速准时，对城铁车辆载客能力都提出更高的要求。

3.2　车辆的基本结构

轨道交通车辆的种类繁杂，构造也各不相同，但是从结构组成上看，一般均由走行装置、制动装置、车端连接装置、车体及车辆内部设备等组成，本节以传统铁路车辆为例，讲述车辆的基本结构，以及列车的制动类型等。

3.2.1　走行装置

走行装置是支撑车体，承载车辆自重和载重并在钢轨上行驶的部分。目前绝大多数车辆都采用转向架的结构形式。

把两个或几个轮对用专门的构架（侧架）组成的一个小车，称为转向架。车体支承在前后两个转向架上。为便于通过曲线，车体与转向架之间可以相对转动。相当于将一个车体坐落在两个二轴小车上（如转向架是二轴式），使车辆的载重量、长度和容积都可以增加，运行品质得以改善，以满足近代铁路运输发展的需要。

1. 转向架的基本作用及要求

① 车辆上采用转向架是为增加车辆的载重、长度与容积，提高列车运行速度，以满足铁路运输发展的需要。

② 保证在正常运行条件下，车体都能可靠地坐落在转向架上，通过轴承装置使车轮沿钢轨的滚动转化为车体沿线路运行的平动。

③ 支承车体，承受并传递从车体至轮对之间或从轮轨至车体之间的各种载荷及作用力并使轴重均匀分配。

④ 保证车辆安全运行，能灵活地沿直线线路运行及顺利地通过曲线。

⑤ 转向架的结构要便于弹簧减振装置的安装，使之具有良好的减振特性，以缓和车辆和线路之间的相互作用，减小振动和冲击，减小动应力，提高车辆运行平稳性、安全性和可靠性。

⑥ 充分利用轮轨之间的黏着，传递牵引力和制动力，放大制动缸所产生的制动力，使车辆具有良好的制动效果，以保证在规定的距离之内停车。

⑦ 转向架是车辆的一个独立部件。在转向架与车体之间尽可能减少连接件，并要求结构简单、装拆方便，以便于转向架可单独制造和检修。

2. 转向架的组成

由于车辆的用途、运行条件、制造和检修能力及历史传统等因素的不同，使得转向架的类型繁多，结构各异。但它们又都具有共同的特点，其基本作用和基本组成部分是相同的。一般转向架的组成可以分为以下几个部分：

① 轮对轴箱装置：轮对沿着钢轨滚动，除传递车辆重量外，还传递轮轨之间的各种作用力，其中包括牵引力和制动力。轴箱与轴承装置是联系构架（或侧架）和轮对的活动关节，使轮对的滚动转化为构架（或侧架）、车体沿钢轨的平动。

② 弹性悬挂装置：为减少线路不平顺和轮对运动对车体的各种动态影响（如垂向振动，横向振动等），转向架在轮对与构架（侧架）之间或构架（侧架）与车体（摇枕）之间，设有弹性悬挂装置。前者称为轴箱悬挂装置（又称第一系悬挂），后者称为摇枕（中央）悬挂装置（又称第二系悬挂）。目前，大多数货车转向架只设有摇枕悬挂装置或轴箱悬挂装置，而客车转向架既设有摇枕悬挂装置，又设有轴箱悬挂装置。弹性悬挂装置包括弹簧装置减振装置和定位装置等。

③ 构架或侧架：构架（侧架）是转向架的基础，它把转向架各零、部件组成一个整体。所以它不仅仅承受、传递各种作用力及载荷，而且它的结构、形状和尺寸大小都应满足各零、部件的结构、形状及组装的要求（如应满足制动装置、弹簧减振装置、轴箱定位装置等安装的要求）。

④ 基础制动装置：为使运行中的车辆能在规定的距离范围内停车，必须安装制动装置，其作用是传递和放大制动缸的制动力，使闸瓦与轮对之间或闸片与制动盘之间产生的转向架的内摩擦力转换为轮轨之间的外摩擦力（即制动力），从而产生制动效果。

⑤ 转向架支承车体的装置：转向架支承车体的方式（又可称为转向架的承载方式）不同，使得转向架与车体相连接部分的结构及形式也各有所异，但都应满足以下基本要求：安全可靠地支承车体，承载并传递各作用力（如垂向力、振动力等）；为使车辆顺利通过曲线，车体与转向架之间应能绕不变的旋转中心相对转动；为使车辆稳定运行，车体与转向架之间应具有一定的回转阻力或阻力矩。

3. 转向架的分类

由于车辆的用途不同、运行条件的差异以及制造维修方法的制约和经济效益等具体因素的影响，对转向架的性能、结构、参数和采用的材料及工艺等要求就有差别，因而出现了多种型式的转向架。

1）按轴数与类型分类

在各种转向架上，采用轮对的数目与类型是有区别的。根据国家标准《铁道车辆用车轴型式与基本尺寸》（GB/T 12814—2002），按容许轴重，车辆所用的车轴基本上可分为B、C、D、E、F、G共6种。车轴直径越粗，容许轴重越大，但最大容许轴重要受线路和桥梁的强度标准的限制。一般货车采用B、D、E、F、G共5种轴型，客车采用C、D共2种轴型。随着我国铁路运输的发展，其趋势是发展重载和快速运输，因此新型货车主要采用E轴，新型客车主要采用D轴。

按轴数分类，转向架有二轴、三轴和多轴。转向架的轴数一般是根据车辆总重和每根车轴的容许轴重确定的，例如采用二E轴转向架的货车每根轴容许轴重为25 t，因此，其最大重量（自重与载重之和）不能超过$4 \times 25=100$ t。如果超过100 t，就需要用三轴或三轴以上的多轴转向架。我国大多数客、货车采用二轴转向架，一些大吨位货车及公务车等采用三轴转向架，在长大重载货车上采用多轴转向架或转向架群。

2）按轴箱定位方式分类

约束轮对与构架之间相对运动的机构称为轴箱定位装置，由于轴箱相对于轮对在左右、前后方向的间隙很小，故约束轮对相对运动的轮对定位通常也称为轴箱定位。

对于轴箱定位装置的基本要求是：在纵向和横向具有适宜的弹性定位刚度值，其值是该装置主要参数；它的结构形式应能保证良好地实现弹性定位作用，性能稳定，结构简单可靠，无磨耗或少磨耗，制造、组装和检修方便，质量小，成本低。

适宜的轴箱弹性定位，不仅可以避免车辆在运行速度范围内发生蛇行运动失稳，还能保证车辆在曲线上运行时具有良好的导向性能，从而减小轮对与钢轨之间的冲击和侧压力，减轻车轮轮缘与钢轨的磨耗。确保车辆运行的安全性和平稳性。

轴箱定位装置有多种结构形式，常见的有下面几种：

① 固定定位：轴箱与转向架侧架铸成一体，或是轴箱与侧架用螺栓及其他紧固件连接成为一个整体，使得轴箱与侧架之间不能产生任何相对运动。

② 导框式定位：轴箱上有导槽，构架（或侧架）上有导框。构架（侧架）的导框插入轴箱的导槽内，这种结构可以容许轴箱与构架（侧架）之间在铅垂方向有较大的相对位移，但在前后、左右方向仅能在容许的间隙范围之内，有相对小的位移。

③ 干摩擦导柱式定位：安装在构架上的导柱及坐落在轴箱弹簧托盘上的支持环均装配有磨耗套，导柱插入支持环，发生上下运动时，两磨耗套之间是干摩擦，它的作用原理是由于轴箱产生不同方向的剪切变形，实现弹性定位作用。

④ 油导筒式定位：把安装在构架上的轴箱导柱和坐落在轴箱弹簧托盘上的导筒分别做成活塞和油缸形式，导柱插入导筒。导柱在导筒内上下移动时，油液可以进出导柱的内腔，产生减振作用。它的作用原理是，当构架与轴箱之间产生水平方向的相对运动时，利用导柱与导筒传递纵向力和横向力，再通过轴箱橡胶垫传递给轴箱体，使橡胶垫产生不同方向的剪切变形实现弹性定位作用。

⑤ 拉板式定位：用特种弹簧钢材制成的薄形定位拉板，一端与轴箱连接，另一端通过橡胶节点与构架连接。利用拉板在纵、横方向的不同刚度来约束构架与轴箱的相对运动，以实现弹性定位。拉板上下弯曲变形刚度小，对轴箱与构架上下方向的相对位移约束很小。

⑥ 拉杆式定位：拉杆两端分别与构架和轴箱销接，拉杆可以容许轴箱与构架在上下方向有较大的相对位移。拉杆中的橡胶垫、套分别限制轴箱与构架之间的横向与纵向的相对位移实现弹性定位。

⑦ 转臂式定位：又称弹性铰定位。定位转臂一端与圆筒形的轴箱体固接，另一端以橡胶弹性节点与焊在构架上的安装座相连接。橡胶弹性节点容许轴箱相对构架有较大的上下方向位移，但它里边的橡胶件使轴箱纵向与横向位移的定位刚度有所不同，以适应纵、横两个方向的不同弹性定位刚度的要求。

⑧ 橡胶弹簧定位：构架与轴箱之间设有橡胶弹簧，这种橡胶弹簧上下方向的刚度比

较小，轴箱相对构架在上下方向有比较大的位移，而它的纵、横方向具有适宜的刚度以实现良好的弹性定位。

3）按弹簧悬挂装置分类

（1）一系弹簧悬挂

在采用一系悬挂的车辆上，从车体至轮对之间，只设有一系弹簧减振装置。所谓“一系”，一般是指车体的振动只经过一次（空间三维方向均包括）弹簧减振装置实施减振。该装置在转向架中设置的位置，有的是设在车体（摇枕）与构架（侧架）之间，有的是设在构架与轮对轴箱之间。采用一系弹簧悬挂，转向架结构比较简单，便于检修、制造，成本较低。所以一般多在对运行品质要求相对较低的货车转向架上采用。

（2）二系弹簧悬挂

在采用二系悬挂的车辆上，从车体至轮对之间，设有两系弹簧减振装置。在转向架中同时有摇枕弹簧减振装置和轴箱弹簧减振装置，使车体的振动经历两次弹簧减振装置衰减。

显而易见，二系弹簧悬挂的转向架结构比较复杂，采用的零、部件数量明显增多。但由于它是从上向下、由车体至构架；再从上向下、由构架到轮对，先后两次充分利用从车体底架至轮对之间的有限空间，具有较大的弹簧装置总静挠度，并对摇枕悬挂和轴箱悬挂分别选择各自的减振阻尼及刚度，确定适宜的挠度比（实质是两系刚度之比），明显地改善了车辆的运行品质，所以，二系弹簧悬挂多在对运行品质要求较高的客车转向架上采用。

二系弹簧悬挂只要设计合理，已能满足车辆运行平稳性的要求。多系弹簧悬挂的转向架，因结构过分复杂，因此很少采用。

4）按垂向载荷的传递方式分类

转向架结构形式的不同，使车辆垂向载荷传递的方式也多种多样，一般可按各部位载荷传递方式分类。

（1）车体与转向架之间的载荷传递

车辆车体与转向架之间衔接部分的结构形式，要相互吻合而组成一个整体。显然，它与载荷的传递方式密切相关。按不同的载荷分配及载荷作用点，可分为以下三种：心盘集中承载、非心盘承载、心盘部分承载。

（2）转向架中央（摇枕）悬挂装置的载荷传递

转向架中央悬挂装置的载荷传递，按其结构特点，大体上可分为有摇动台装置及无摇动台装置两种形式。

5）构架（侧架）与轮对轴箱之间的载荷传递

构架（侧架）与轮对轴箱之间载荷传递的方式，主要有如下几种形式：

① 转向架侧架直接置于轮对轴箱上，而无轴箱弹簧装置。

② 转向架的每侧有一个纵向布置的、较长的均衡梁，均衡梁的两端支悬于前后两个轴箱上。均衡梁上有均衡梁弹簧及弹簧座，转向架构架支悬于均衡梁弹簧之上。

③ 转向架构架由轴箱顶部的弹簧支承。

④ 每个轴箱左右两侧铸有弹簧托盘，转向架构架由弹簧托盘上的轴箱弹簧支承。

4．轮对

轮对是由一根车轴和两个相同的车轮组成的。在轮轴接合部位采用过盈配合，使两者牢固地结合在一起，为保证安全，绝对不允许有任何松动现象发生。

轮对承担车辆全部重量，且在轨道上高速运行，同时还承受着从车体、钢轨两方面传递来的其他各种静、动作用力，受力很复杂。因此，对车辆轮对的要求是：有足够的强度，以保证在容许的最高速度和最大载荷下安全运行；应在强度足够和保证一定使用寿命的前提下，使其重量最小，并具有一定弹性，以减小轮轨之间的相互作用力；应具备阻力小和耐磨性好的优点，这样可以只需要较少的牵引动力并能提高使用寿命；应能适应车辆直线运行，同时又能顺利通过曲线，还应具备必要的抵抗脱轨的安全性。

轮对是转向架中重要的部件之一，又是影响车辆运行安全性的关键部件之一，故在新造、厂段修及运用中，对轮对都有严密的技术要求和严格的管理制度。例如：对用于标准轨距的轮对两轮缘内侧距离必须符合组装要求，并要求在同一轮对的三等分点上所测得的内侧距，最大差值不应超过1 mm；车轮与车轴接缝处的内侧，涂一圈白铅油，其宽度在车轮内侧和车轴上各为25 mm，并在白铅油圈的三等分处，涂有三条长50 mm、宽20 mm的红油漆标记，与白铅油圈相互垂直，作为检查轮毂与车轴松动的标记线。

5．轴箱装置

轴箱装置的作用是：将轮对和侧架或构架联系在一起，使轮对沿钢轨的滚动转化为车体沿线路的平动；承受车辆的重量，传递各方向的作用力；保证良好的润滑性能，减少磨耗，降低运行阻力；具有良好的密封性，防止尘土、雨水等物侵入及甩油，从而避免破坏油脂的润滑，甚至发生燃轴等事故。

6．弹簧减振装置

车辆在轨道上运行时，将伴随产生复杂的振动现象。为了减少有害的车辆冲动，车辆必须设有缓和冲动和衰减振动的装置，即弹簧减振装置。车辆上采用的弹簧减振装置，按其主要作用的不同，大体可分为三类：一类是主要起缓和冲动作用的弹簧装置，如中央及轴箱的螺旋圆弹簧；二类是主要起衰减（消耗能量）振动作用的减振装置，如垂向、横向减振器；三类是主要起定位（弹性约束）作用的定位装置，如轴箱轮对纵、横方向的弹性定位装置，摇动台的横向止挡或者纵向牵引拉杆。

上述各类装置在车辆振动系统中又称为弹性悬挂装置。这些装置对车辆运行是否平稳，能否顺利通过曲线并保证车辆安全运行，都起着重要的作用，故应合理地设计其结构，选择适宜的各个参数。

1）弹性悬挂元件

弹性悬挂元件主要包括钢弹簧、橡胶元件和空气弹簧等。铁道车辆弹簧装置的作用主要体现在两个方面：一是使车辆的质量及载荷比较均衡地传递给各轮轴，并使车辆在静载状况下（包括空、重车），两端的车钩距轨面高度应满足《铁路技术管理规程》的要求，以保证车辆的正常连挂；二是缓和因线路的不平顺、轨缝、道岔、钢轨磨耗和不均匀下沉，以及因车轮擦伤、车轮不圆、轴颈偏心等原因引起车辆的振动和冲击。

车辆内设置弹簧装置可以缓和轮轨之间相互作用，可以提高车辆运行的舒适性和平稳性，保证旅客舒适、安全，保证货物完整无损，延长车辆零部件及钢轨的使用寿命。

2）减振元件

车辆上采用的减振器与弹簧一起构成弹簧减振装置。弹簧主要起缓冲作用，缓和来自轨道的冲击和振动的激扰力，而减振器的作用是减小振动。它的作用力总是与运动的方向相反，起着阻止振动的作用。通常减振器有变机械能为热能的功能，减振阻力的方式和数值的不同直接影响到振动性能。

铁路车辆采用的减振器按阻力特性可分为常阻力和变阻力两种减振器；按安装部位可分为轴箱减振器和中央（摇枕）减振器；按减振方向可分为垂向、横向和纵向减振器；按结构特点又可分为摩擦减振器和油压减振器。

7. 常见转向架

常见的铁道货车转向架有转K2型三大件式转向架、转K6型三大件式转向架、转K4型摆动式转向架、转K5型摆动式转向架、转K3型整体焊接式转向架和转K7型径向转向架等，转K4型摆动式转向架和转K6型三大件式转向架如图3.1所示。

（a）转K4型摆动式转向架　　（b）转K6型三大件式转向架

图3.1　两种货车转向架

常见的铁道客车转向架有209系列、206系列、CW系列等，209P和CW-2转向架如图3.2所示。

（a）209P　　（b）CW-2

图3.2　两种客车转向架

3.2.2　制动装置

列车制动即人为制止列车的运动，包括使它减速、不加速或停止运行。对已制动的列车或机车解除或减弱其制动作用，则称为“缓解”。为施行制动和缓解而安装在列车上的整套设备，总称为“列车制动装置”。“列车制动装置”包括机车（或动车）制动装置和车辆（或拖车）制动装置，即在铁路列车中，不管是具有牵引动力装置的机车（或动车），还是被牵引的客货车辆（或拖车），都各自具有自己的制动装置。不同的是，机车（或动车中的头车）除了具有像车辆（或拖车）一样使它制动和缓解的设备外，还具有操纵整列车（包括机车或头车自身及其他各车）制动作用的设备。

列车制动在操纵上按用途可分为“常用制动”和“紧急制动”两种。在正常情况下，为调节或控制列车速度，包括进站停车所施行的制动，称为“常用制动”。它的特点是作用比较缓和而且制动力可以调节，通常只用列车制动能力的20%～80%，多数情况下只用50%左右。在紧急情况下为使列车尽快停住所施行的制动，称为“紧急制动”。它的特点是作用比较迅猛而且要把列车制动能力全部用上。

为了确保行车安全，世界各国都要根据列车速度、牵引质量、信号和制动技术等制定出制动距离标准（或减速标准）——紧急制动距离最大允许值，又称计算制动距离。根据铁总科技〔2017〕221号《铁路技术管理规程》规定：列车紧急制动距离按不同情况分别不超过以下标准。列车在任何线路上的紧急制动距离限值如表3.1所示。

表3.1　列车紧急制动距离限值表

列 车 类 型	最高运行速度 / （$km\cdot h^{-1}$）	紧急制动距离限值 / m
旅客列车	120	800
	140	1 100
	160	1 400
	200	2 000
特快货物班列	160	1 400
快速货物班列 / 行包列车	120	1 100
货物列车（货车轴重＜ 25 t，快速货物班列除外）	90	800
	120	1 400
货物列车（货车轴重≥ 25 t）	100	1 400

从能量的观点看，“制动”的实质就是将列车动能转变为别的能量或转移走。从作用力的观点看，制动就是让制动装置产生与列车运行方向相反的外力使列车速度控制在允许范围内。为达到上述目的，铁路机车车辆上采用了不同的制动方式，主要有闸瓦制动、盘形制动、磁轨制动、电阻制动和再生制动等。

1. 闸瓦制动

闸瓦制动就是铁路机车车辆采用的踏面制动，制动时闸瓦抱紧车轮踏面，通过摩擦使车轮停止转动。

列车制动时，由制动缸将闸瓦压紧踏面，利用两者之间的摩擦力来将列车动能转化为热能消散在大气中。踏面制动中，制动装置要将巨大的动能转变为热能消散于大气之中。而这种制动效果的好坏，却主要取决于摩擦热能的消散能力。使用这种制动方式时，闸瓦摩擦面积小，大部分热负荷由车轮来承担。列车速度越高，制动时车轮的热负荷也越大。如用铸铁闸瓦，温度可使闸瓦熔化；即使采用较先进的合成闸瓦，温度也会高达400～450 ℃。当车轮踏面温度增高到一定程度时，就会使踏面磨耗、裂纹或剥离，既影响使用寿命也影响行车安全。由于踏面制动易导致踏面升温和磨损，因此随着列车车速的提高，这种制动方式已较少使用，动车组及快速列车一般用盘形制动代替。

2．盘形制动

盘形制动是指铁路列车摩擦制动的一种方式。制动盘装于轮对车轴上或车轮内外侧，制动时使闸片压紧于制动盘，列车动能通过闸片与制动盘的摩擦转化为热能。闸片和闸盘摩擦消耗动能，从而达到制动或减速的目的，制动缸产生的压力通过传动杠杆装置施加到闸片上，产生制动力从而制动。

3．磁轨制动

磁轨制动，是指通过使列车转向架上的磁铁放下，利用磁铁与轨道之间的吸引力来产生较大的摩擦力，从而使列车减速。磁轨制动属于非黏着制动，故制动力不受轮轨黏着系数的影响，常用于紧急制动。磁轨制动分为电磁型磁轨制动和永磁性磁轨制动，其主要区别在于选用磁铁的不同，前者采用的是电磁铁，后者为永久性磁铁。

4．电阻制动

电阻制动又称能耗制动，属于电制动中的一种，在制动过程中，牵引电动机转变为发电机，使动能转化为电能，将电能消耗于制动电阻中，使制动电阻发热，即将电能转变为热能，制动电阻上的热能靠风扇强迫通风而逸散于大气之中。电阻制动能提供较稳定的制动力，但车辆底架下需要安装体积较大的电阻箱。

5．再生制动

再生制动又称反馈制动，亦属于电制动中的一种，在制动过程中，牵引电动机转变为发电机，使动能转化为电能，不同的是再生制动将电能再一次反馈给接触网供给其他列车使用。这种方式节约能源，对环境的污染小。

3.2.3 车端连接装置

车端连接装置是车辆最基本的也是最重要的部件组合之一，其作用是连接机车车辆，减缓列车的纵向冲动（或冲击力），传递列车电力、通信控制信号和连接列车风管。

车端连接装置主要包括车钩缓冲器、风挡、车端阻尼装置、车端电气连接装置等，一些货车和动车组上还使用牵引杆装置。现今的客、货车辆上均装有车钩和缓冲器，通常将二者合称为车钩缓冲装置，其是车端连接装置中起牵引连挂和冲击作用的主要部件。风挡和车端阻尼装置仅在客车车辆上使用，而牵引杆则是随着重载运输发展起来的新型的铁路车辆连接方式，其一般仅运用在重载货车车辆上，电气连接器是列车动力和控制通信的重要设备。

在车钩缓冲装置中，如果牵引连挂和缓和冲击的作用是由同一装置来承担的，那么该装置称为牵引缓冲装置；如果它们的作用分别由不同的装置来承担，则分别称为牵引连挂装置和缓冲装置。牵引连挂装置用来实现车辆之间的彼此连接、传递和缓和牵引（拉伸）力的作用，缓冲装置（缓冲盘）用来传递和缓和冲击（压缩）力的作用，并且使车辆彼此之间保持一定的距离。

按照牵引连挂装置的连接方式，可分为自动车钩和非自动车钩。自动车钩不需要人工参与就能实现连接，非自动车钩则要由人工完成车辆之间的连接。我国铁路车辆均采用自动车钩。

1. 车钩

车钩一般可分为钩体、钩舌、钩舌销及钩体头部内的诸多零件，如钩锁、钩舌推铁、钩锁销等。当钩体头部内的零件处于不同的位置时，起着不同的作用，从而使车钩具有闭锁、开锁、全开三种作用，俗称车钩的三态作用。

铁路货车采用的车钩类型有16型、17型、13B型、13A型和13号车钩，以前还曾经采用过2号车钩。16型、17型车钩是为了满足大秦线运煤专列开行重载列车且不摘钩上翻车机连续翻转卸货的需要而研制开发的车钩（同时研制开发了相应的16、17型钩尾框）。目前新造载重70 t及以上铁路货车已全部采用高强度的17型车钩。在一些重载列车上采用16型车钩的同时还采用了牵引杆技术，以降低列车纵向冲动，提高列车运行安全可靠性。

新造60 t级铁路货车已全部采用高强度的13B型车钩。随着列车运行速度提高和牵引吨位的增加，2号车钩、13号普碳钢车钩及13号C级钢车钩、13A型车钩强度已不能满足铁路货车发展的需要，并在铁路货车检修过程中被逐渐淘汰，铁路货车车钩向着可靠性高、强度高和耐磨性能好的方向发展。

铁路客车采用的车钩类型有15号车钩和密接式车钩。对于高速列车、城市地铁和轻轨车辆的车钩缓冲装置常采用机械气路、电路均能同时实现自动连接的密接式车钩。这种车钩属刚性自动车钩，它要求在两钩连接后，其间没有上下和左右的移动，而且纵向间隙也限制在很小的范围之内（1～2 mm）。这对提高列车运行平稳性、降低车钩零件的磨耗和噪声均有重要意义。

密接式车钩的构造和工作原理与上述的一般车钩完全不同，国内外常见的有三种结构形式：第一种为日本新干线高速列车上所采用的柴田式密接式车钩，我国北京地铁车辆的车钩即属此列；第二种为Schafenberg型密接式车钩，常见于欧洲国家所制造的地铁、轻轨及高速车辆上，德国制造的上海地铁车辆采用这种车钩；第三种为德国的BSI-COMPACT型密接式车钩。密接式车钩要求两钩连接后，其间没有上下和左右的移动，而且纵向间隙也限制在很小的范围内，这对提高列车运行平稳性、降低车钩零件的磨耗和噪声均有重要意义。地铁车辆和动车组列车多采用此类车钩。

2. 缓冲器

缓冲器的作用是用来缓和列车在运行中由于机车牵引力的变化或在启动、制动及调车作业时车辆相互碰撞而引起的纵向冲击和振动。缓冲器有耗散车辆之间冲击和振动的功能，从而减轻对车体结构和装载货物的破坏作用，提高列车运行的平稳性。

缓冲器的工作原理是借助于压缩弹性元件来缓和冲击作用力，同时在弹性元件变形过程中利用摩擦和阻尼吸收冲击能量。

根据缓冲器的结构特征和工作原理，一般可将缓冲器分为以下几种类型：弹簧式缓冲器、摩擦式缓冲器、橡胶缓冲器、摩擦橡胶式缓冲器、弹性胶泥缓冲器、摩擦胶泥缓冲器、液压缓冲器及空气缓冲器等。目前应用最广泛的为摩擦式缓冲器和摩擦橡胶式缓冲器。这两种缓冲器具有结构简单、制造方便、成本低的优点。

现我国铁路货车上所采用的缓冲器有ST缓冲器、MT-2、MT-3型缓冲器。目前，我国铁路客车使用1号、G1型缓冲器，其中G1型缓冲器主要用于双层客车和新造客车上。1号缓冲器已基本淘汰。

3. 风挡和车端阻尼装置

为了防止风沙雨水侵入车内及运行时便于旅客安全地在列车内通行，同时由于客车在高速下运行，客车厢体内外极易形成负压，大部分冷空气及灰尘通过车辆连接处进入车厢，造成客车热量损失和车内空气质量混浊，直接影响到列车的运用质量。因此，车辆两端连接装有风挡装置，也称折棚装置。目前我国使用的风挡装置有三种形式：铁风挡装置、橡胶风挡装置和折叠风挡装置。

车端阻尼装置的工作原理是将列车的纵向冲动产生的动能与弹簧的弹性势能之间相互转化，从而缓解冲击。车端阻尼装置安装在客车车端密封折棚风挡的上方，依靠两装置摩擦板间的摩擦力和弹簧的纵向力增加车辆之间的阻尼力，减轻车辆在运行中的横向摆动和车钩撞击现象，提高车辆运行品质和旅客的舒适度。

3.2.4 车体

由铁道机车车辆走行装置支撑，供乘坐旅客或装载货物及车内设备的部分称为车体。一般车体由底架、侧墙（包括门窗）、端墙、车顶组成。

依据承载方式，车体可分为：底架承载结构、侧墙和底架共同承载结构，以及整体承载结构3种形式。

① 底架承载结构。全部载荷由底架来承担，也称自由承载车体结构。

② 侧墙和底架共同承载结构。由侧、端墙与底架共同承担载荷的车体结构，也称侧墙承载结构。其侧、端墙与底架等通过固接形成一个整体，具有较高的强度和刚度。

③ 整体承载结构。在板梁式侧、端墙上固接由金属板、梁组焊而成的车顶，使车体的底架、侧墙、端墙、车顶连接成一个整体，成为开口或闭口箱形结构，此时车体各部分结构均参与承受载荷，因而称这种结构为整体承载结构。

为满足安全运载旅客的需要，车体钢结构必须有足够的强度；为提高乘坐舒适度，车体必须具有足够的刚度，保证车体的自振频率与转向架的自振频率不一致，避免产生共振现象而降低乘坐舒适度。试验结果表明，转向架采用空气弹簧时，车体钢结构的自振频率应达到8 Hz以上才能避免与转向架的共振。

轨道交通载运工具的分类方式很多，本章按铁道机车、铁道车辆、动车组列车和城市轨道交通车辆四类进行分析。

3.3　铁道机车

机车是牵引或推送铁道车辆运行，而本身不装载营业载荷的自推进车辆，俗称火车头。机车一般由蒸汽机、柴油机、燃气轮机、牵引电动机等作为原动力直接或通过传动装置驱动。机车有以下分类方式：

① 按牵引动力，可分为蒸汽机车、内燃机车（内燃动车组）和电力机车（电动车组）。内燃机车和电力机车按传动方式不同分别可以分为交–直流传动和交流传动；内燃机车还可分为电传动和液力传动。

② 按用途，可分为货运机车、客运机车、调车机车和工矿机车。

③ 按走行部形式，可分为车架式和转向架式。

3.3.1　机车的型号

用汉字表示机车的类型，例如“东风”系列是电传动内燃机车，“东方红”系列是液力传动内燃机车。也可用汉语拼音字母表示，如DF即为“东风”的代号。进口内燃机车类型用汉语拼音字母“ND”和“NY”表示，其中N表示内燃机车，D表示电传动，Y表示液力传动。在汉字或拼音字母的右下角的数字，则表示该型机车投入运用的序号。

“韶山”系列组国产电力机车，也可用汉语拼音字母表示，SS即为“韶山”系列的代号。在汉字或拼音字母下的数字，则表示该型机车投入运用的序号，如SS_1、SS_4、SS_9等。

和谐系列电力机车（HXD）是与国外企业合作，引进先进技术，并国产化的新一代交流传动客、货运机车。HXD后面的数字表示不同的制造公司所制造的不同的机车，如HXD_1为中车株洲电力机车有限公司制造，HXD_2为中车大同电力机车有限公司制造。

和谐系列内燃机车（HXN）是引进国外技术在中国设计制造的客、货运内燃机车。HXN后面的数字表示不同的制造公司所制造的不同的机车，如HXN_3为中车大连机车车辆有限公司制造，HXN_5为中车戚墅堰机车有限公司制造。

和谐号高速动车组用CRH（中国高速铁路英语缩写）表示，CRH右下角的数字表示不同的制造公司所制造的不同动车组，如CRH2为中车青岛四方机车车辆股份有限公司制造的动车组，CRH3为中车唐山机车车辆公司制造的动车组。

3.3.2　内燃机车

内燃机车在构造上包括发动机、传动装置、车体和车架、转向架及辅助装置5部分。

① 发动机是机车的动力装置，其作用是将燃料的化学能转变为机械功。内燃机车采

用柴油机，即利用燃油燃烧时所产生的燃气直接推动活塞做功。因此，一般所说的内燃机车是指柴油机车。

② 传动装置的作用是将发动机的机械功传给轮对驱动装置，力求发动机的功率得到充分发挥并使机车具有良好的牵引性能。内燃机车的传动装置有液力传动和电传动两种，内燃机车相应称为液力传动内燃机车和电传动内燃机车，它们在结构原理、运用维修上均有较大区别。

③ 车体和车架是机车安装各大部件的基础，并能保护各种设备免受外界条件的干扰；此外，也形成了乘务人员的工作场所。

④ 转向架的作用在于承受机车上部重量；将传动装置传递来的功率实现为机车的牵引力和速度；保证机车运行平稳和安全。

⑤ 辅助装置的作用是保证发动机、传动装置和转向架的正常工作和可靠运行，内燃机车的辅助装置主要包括以下几个系统：燃油供给系统、预热及冷却水系统、机油系统、空气管路、制动及撒砂系统、电控和照明系统。此外还有辅助驱动装置、信号装置、通风装置、防寒设备、灭火器以及常用工具等。

比较典型的内燃机车有DF$_{4D}$型电传动内燃机车，DF$_{8}$型电传动内燃机车，DF$_{11}$型电传动内燃机车，北京型液力传动内燃机车和HXN$_{5}$型内燃机车等。图3.3所示为DF$_{4D}$和DF$_{8}$型内燃机车。

（a）DF$_{4D}$型内燃机车　　（b）DF$_{8}$型内燃机车

图3.3　DF$_{4D}$与DF$_{8}$型内燃机车

3.3.3　电力机车

电力机车是指从外界供电系统撷取电力作为驱动能源的轨道机车，其电力来源包括架空电缆、第三轨或电池等。

电力机车由机械部分、电气部分和空气管路系统三部分组成。

机械部分包括走行部和车体。走行部是承受车辆自重和载重在钢轨上行走的部件，由2轴或3轴转向架以及安装在其上的弹簧悬挂装置、基础制动装置、轮对和轴箱、齿轮传动装置和牵引电动机悬挂装置组成。车体用来安放各种设备，同时也是乘务人员的工作场所，由底架、司机室、台架、侧墙和车顶等部分组成。

电气部分主要指机车上的各种电气设备及其连接导线，包括主电路、辅助电路、控制电路。

空气管路系统主要包括供给机车和车辆制动所需压缩空气的空气制动气路系统，供给机车电气设备所需压缩空气的控制气路系统，供给机车撒砂装置和刮雨器等辅助装置所需压缩空气的辅助气路系统，以及它们的保护系统。

比较典型的电力机车有韶山系列电力机车、和谐系列电力机车等。图3.4所示为SS_4型电力机车和HXD_{2B}型电力机车。

（a）SS_4型电力机车　　（b）HXD_{2B}型电力机车

图3.4　电力机车

3.3.4　机务段和机车检修

机车的检修是铁路运输工作的重要组成部分，也是机务部门的基本任务。按照质量要求严格检修机车，确保机车的完好状态，对完成铁路运输任务具有十分重要的意义。

为保证机车良好的技术状态，应有进行检修和整备作业的机务段、机车检修段等机务维修机构。机务段、机车检修段根据承担机车运用、整备、检修的范围配备必要的机车运用、整备、检查、检测、修理设备和设施。

机务段是设在铁路沿线负责机车检修和运用工作的基层生产单位，一般设在编组站或区段站上。在机车交路的折返点，还应设有机务折返段。机务段和机务折返段设置的基本原则是满足牵引列车的最大需要，并能充分发挥各项设备的能力和机车运用效率；段间距离的长短，应考虑乘务员的连续工作时间，并结合编组站、区段站的位置，尽可能长距离地设置。

1. 机务段的任务和设备

根据各机务段所承担任务量的大小，为其配属一定数量的机车。

机务段的任务：机车运用方面，负责计划和组织本段机车和乘务组完成邻接区段的列车牵引或固定在某个车站上担任调车工作，并对日常运用机车进行整备和日常保养；机车检修方面，进行段修范围内的机车定期检修和日常维修工作，保证运用机车的良好状态。

机务段设有管理部门和生产车间。生产车间包括运用车间、检修车间、整备车间和设备车间。

运用车间主要负责机车的运用与保养；检修车间主要负责机车段修范围内的定期修理及机车的日常维修；整备车间主要负责机车用的燃料、润滑油、水、砂等物资供应和机车的各种整备作业；设备车间主要负责机务段内的各种机械设备、水电动力设施的管理与维修。

机车在出段牵引列车或承担调车任务以前，需要供应机车必须的物资和做好各项准备工作，这种物资供应和准备工作总称为机车整备作业。机车类型不同，整备作业的内容也不一样。

为了完成以上整备作业，机务段内必须修建相应的整备设备，如机车整备线、加油站、上水管、上砂管以及储存和发放油脂、化验、排水、照明设备等。

整备设备的布置，应保证各项整备作业能平行或流水式地进行，并应具备足够的能力以压缩整备作业时间，提高机车的运用效率。

2. 机车的检修

机车经过一定时期的运用后，各部件都会发生磨耗、变形或损坏。为了保证机车的正常运用，延长使用期限，除了机车乘务员的日常检查和保养外，还必须进行各种定期检修。

机车应实行计划预防修，实施主要零部件的专业化集中修和定期检测状态修。检修周期应根据机车实际技术状态和“走行公里”或使用时间确定，机车检修周期及技术标准按铁路总公司机车检修规程执行。

交流传动机车定期检修的修程分为六年检、二年检、年检、半年检、季检、月检。直流传动机车定期检修的修程分为大修、中修、小修和辅修。

机车的定期检修除大修在机车工厂进行以外，其余的检修一般都在机务段内进行。因此，机务段除了机车整备设备以外，还必须具有机车的检修设备，如各种检修库及辅助车间等。

各种修程所包括的内容，在有关的规程中都有具体规定。一般来说，机车的大修是一种全面恢复性修理，大修后的机车，基本上需达到新车的水平；中修的主要目的是修理走行部。内燃、电力机车的小修主要是为了对有关设备进行测试和维修等；辅修是属于临时性的维修和养护。认真做好检修工作，对保证机车的正常运行和延长使用寿命，具有十分重要的意义。

3.4 铁道车辆

铁道车辆是指铁道运输的运载工具。铁道车辆是运送旅客和货物的工具，它一般没有动力装置，必须把车辆连挂成列，由机车牵引才能沿线路运行。铁道车辆可以分为货车、客车及特种用途车。

3.4.1　货车

货车是运送货物的车辆。货车类型很多，按其用途可分为通用货车、专用货车和特种货车。通用货车可适合装运各种不同类型的货物，例如敞车（C）、棚车（P）和平车（N）等；专用货车专供运送某些种类的货物，例如矿石车（K）、长大货物车（D）、家畜车（J）、活鱼车（H）等；特种货车是具有特殊用途的车辆，例如救援车、检衡车、发电车、除雪车和无缝钢轨输送车等。常见的货车车种如下：

1. 敞车

敞车是一种具有端、侧墙而无车顶的车辆，主要供运送煤炭、矿石、建材物资、木材、钢材等大宗货物用，也可用来运送重量不大的机械设备。若在所装运的货物上面蒙盖防水帆布或其他遮篷物之后，可代替棚车承运怕受雨淋的货物。因此敞车具有很大的通用性，在货车组成中数量最多。

敞车按卸货方式不同可分为两类：一类是适用于人工或机械装卸作业的通用敞车；另一类是只适用于大型工矿企业、站场码头之间成列固定编组运输，用翻车机卸货的专用敞车。

目前我国通用敞车主要有载重60 t级的C_{62}系列、C_{64}系列和载重70 t级的C_{70}系列敞车，这些敞车的共同特点是：侧、端墙高约在2.0 m左右，车体两侧开有侧门，其开启方式也相差不多。

翻车机专用敞车有载重61 t的C_{63}型单元列车敞车，载重60 t的CF型高边无门敞车和C_{16}型低边无门敞车，载重75 t的C_{75}系列敞车和C_{76}系列铝合金敞车，以及载重80 t的C_{80}系列敞车。这些敞车的车体没有中侧门，所装运的散粒货物可通过翻车机直接卸货。

目前我国常用的敞车有C_{62}系列、C_{64}系列和C_{70}系列通用敞车，C_{61}、C_{63}系列、C_{76}系列和C_{80}系列运煤专用敞车，如图3.5所示。

（a）C_{70E}型敞车　　　　（b）C_{64K}型敞车

图3.5　敞车

2. 平车

平车通常无墙或有可以放倒的活动矮墙板，主要用来运输钢材、机器设备、集装箱、拖拉机、汽车、军用装备等货物，也能利用矮墙板运输矿石、砂土等，此外还可以装运桥梁等特殊长大货物和需跨装运输的一般超长货物，还有一种有专门锁具的集装箱平车。

新中国成立以来，我国研制了多种平车。从结构上看，有不设端、侧板的平车，有仅设端板的平车和设有端、侧板的平车。从用途上看，有通用平车、集装箱专用平车、运输小汽车专用平车和运输集装箱和散件货物的两用平车等。

在20世纪50至60年代，我国先后开发了载重为30 t的N_1型平车、载重为40 t的N_4型平车、载重为50 t的N_5型平车、载重为60 t的N_6、N_{60}、N_{12}和N_{16}型平车。70年代之后，我国主要对N_{17}型平车进行了大量的改进，形成了N17系列产品。为适应我国集装箱运输的发展需要，我国于80年代开始研制了X_6系列集装箱专用平车。为了提高铁路运输效率，减少车辆运用中的排空，20世纪末，我国又研制开发了NX_{17}型平车——集装箱共用平车。同时为了适应我国小汽车工业的发展以及国际贸易的扩大，我国又开发了SQ系列运输小汽车专用平车，具体平车如图3.6所示。

(a) NX_{70}共用平车

(b) N_6型平车

图3.6 平车

3．棚车

棚车是一种具有顶棚和门窗的货车，能运输贵重的、怕日晒雨淋的货物及大牲畜等，在需要时也能运送兵员或其他旅客。

我国棚车种类较多，从1953年起我国开始研制载重50 t、容积101 m^3、车体为全钢铆焊结构的P_{50}型棚车。1957年以后，先后设计制造了载重60 t、容积为120 m^{3}的P_{13}、P_{60}、P_{61}型棚车。1980年开始设计制造了P_{62}和P_{62}（N）型棚车。进入20世纪90年代初，我国又研制了大容积的P_{64}型棚车，其后在此基础上陆续研制了P_{64A}和P_{64G}等P_{64}型系列棚车。为了适应铁路货车提速和行包快运的需要，20世纪末我国又研制了P_{65}型行包快运棚车和带押运间的P_{65S}型快运棚车。为适应铁路运输装备跨越式发展的需要，2005年我国又研制了更大载重量的P_{70}型棚车，具有棚车如图3.7所示。

4．罐车

罐车主要用来装运液体、液化气体及粉状货物，外形多为一个卧放的圆筒。由于上述货物在化学性能及物理性能上差异很大，每一种罐车往往只适宜装运一种货物。装轻油、重油、酸、碱、水泥、液化气体等的罐车在结构上都不完全相同，因此罐车通用性较差。

（a）P_{64}型棚车

（b）P_{70}型棚车

图3.7　棚车

罐车按结构特点可分为有底架、无底架罐车；有空气包、无空气包罐车；上卸式和下卸式罐车。按用途可分为轻油类罐车、黏油类罐车、酸碱类罐车、液化气体类罐车及粉状货物罐车等。

罐车的车型虽然很多，但均为整体承载结构，一部分罐车的车体都是由罐体和底架两大部件组成，如G_{17}型黏油罐车和G_{60}型轻油罐车。由于罐体是一个整体厚壁筒形结构，具有较大的强度和刚度，罐体不但能承受所装物体的重量，而且也可承担作用在罐体上的纵向力，因此，罐车的底架较其他种货车底架结构简单，新研制的罐车一般取消了底架，称为无底架罐车，如G_{19}、G_{60A}、G_{70}、G_{70A}型等无底架轻油罐车；G_{17A}、G_{17B}型无底架黏油罐车等。近年来开发的70 t级罐车GQ_{70}型轻油罐车和GN_{70}型黏油罐车、GY_{80S}和GY_{100S}型液化气体罐车等均采用无底架结构。罐车如图3.8所示。

5．保温车

保温车用来装运易腐货物。车体设有隔热材料，能减少车内外热交换、供运输易腐及对温度有要求货物的车辆。车内有降温及加温的设备，以调节货物保鲜所需的温度的保温车称冷藏车。

我国自行设计制造的保温车型号主要有B_6、B_7、B_{11}型等加冰保温车和JB_5、B_{19}、B_{23}型等机械冷藏车组以及B_{10}型单节式机械冷藏车，保温车如图3.9所示。

图3.8　G_{70T}型罐车

图3.9　机械保温车

3.4.2 客车

客车可分为运送旅客、为旅客服务和特殊用途车辆。运送旅客的车辆，包括硬座车（YZ）、软座车（RZ）、硬卧车（YW）、软卧车（RW）等；为旅客服务的车辆，包括餐车（CA）和行李车（XL）等；特殊用途的车辆，包括邮政车（UZ）、公务车（GW）、卫生车（WS）、医疗车（YI）、试验车（SY）、维修车（EX）等。此外，还有轨道检查车、轨道探伤车、隧道摄影车、限界检查车等特殊用途的车辆。

车辆应有识别的标记：路徽、车型、车号、制造厂名及日期、定期修理的日期及处所、自重、载重、容积、换长等；车辆应有车号自动识别标签；客车及固定配属的货车上应有所属局段的简称；客车还应有车种、定员、最高运行速度标记；罐车还应有容量计表标记；电气化区段运行的客车、机械冷藏车等应有“电化区段严禁攀登”的标识。

铁路客车制造业从1953年开始自行设计生产我国的第一代产品，即21型系列客车产品。其中包括硬座车、硬卧车、餐车、行李车和邮政车等，先后共生产了3 110辆，1961年停止生产。该型客车构造速度为100 km/h，由于其构造速度低、制造工艺性差、技术经济指标和舒适性等方面都满足不了要求，所以被22型客车所取代。

22型客车是我国的第二代铁路客车，其构造速度为120 km/h，各种性能均较21型客车先进。22型客车系列产品包括硬座车、硬卧车、软座车、软卧车、餐车、行李车、邮政车和发电车等，至1992年底共生产了约26 000余辆。22型客车车体钢结构是由普通碳钢制造的，钢结构腐蚀严重，其结构及车辆性能满足不了时代的要求，需要更新换代，由产品性能和技术经济指标更先进的新型客车来代替，即第三代客车，25型客车。

25型客车从1966年开始研制，20世纪80年代中期进入批量生产，1993年定型为主型客车。车体长为25.5 m，车辆定距为18 m，耐候钢制车体结构，车辆寿命可达25～30年。25型客车也发展了系列产品，从车型上分为25型（试验型）、25A型（空调）、25B型（燃煤、空调）、25D型（动车组）、25G型（25A改型）、25K型（快速）、25S型（双层）、25Z型（准高速）和25T型（提速）等。25型客车发展的过程是一个技术上逐渐成熟的过程，不断改善了工艺设备，引进国外先进技术和样车，这些均为25型客车的设计、制造提供了成熟的技术及可借鉴的经验。

虽然25型各种客车的结构不全相同，但其外形尺寸和结构形式则基本一致。25型客车车体钢结构为全钢焊接结构，由底架、侧墙、车顶和端墙等4部分焊接而成。在侧墙、端墙、车顶钢骨架外面以及在底架钢骨架的上面分别焊有侧墙板、端墙板、车顶板和纵向波纹地板及平地板，形成一个上部带圆弧，下部为矩形的封闭壳体，俗称薄壁筒形车体结构。壳体内面或外面用纵向梁和横向梁、柱加强，形成整体承载的合理结构，如图3.10所示。

3.4.3 车辆主要技术参数

车辆的技术参数，即车辆技术规格的某些指标，是从总体上表征车辆性能及结构的数字，一般包括性能参数和主要尺寸两大类。

（a）25B型客车

（b）25G型客车

图3.10　25型客车

1．车辆性能参数

1）自重

空车时车辆自身具备的质量称为车辆的自重，单位为吨（t）。

2）载重

正常情况下车辆所允许的最大装载质量，单位为吨（t）。

3）总重

车辆的自重与载重之和称为车辆的总重。

4）自重系数

货车的自重系数为货车自重与额定载重之比值。

客车的自重系数为客车自重与定员数之比值。

5）容积

车辆内部可容纳货物的体积称为车辆的容积，一般以车辆内部的长×宽×高（长度单位为m）表示，罐车容积单位为m^3（空气包容积除外）。

6）比容积

货车容积与额定载重的比值称为比容积，亦即货车每吨载重量所占有的货车容积。

7）轴重

按车轴形式及在某个运行速度范围内车轴所允许担负的最大重量与轮对自重之总和称为轴重。

8）每延米轨道载重

车辆总质量与车辆全长之比值称为每延米轨道载重（即每延米线路载荷）。

9）最高试验速度

最高试验速度是指车辆设计时，按安全及结构强度等条件所允许的车辆最高行驶速度。

10）最高运行速度

除满足上述安全及结构条件外，还必须满足连续以该速度运行时车辆有足够良好的运行性能。

2. 车辆主要尺寸参数

1）车辆长度

车辆不受纵向外力影响且两端两个车钩均处在闭锁位置时，钩舌内侧面之间的距离称为车辆长度。

2）车辆宽度与最大宽度

车辆宽度指车辆两侧的最外凸出部位之间的水平距离。车辆最大宽度指车辆侧面的最外凸出部位与车体纵向中心线间的水平距离的两倍。

3）车辆高度与最大高度

空车时，车体或罐体上部外表面至轨面垂直距离为车辆高度。车辆最大高度指空车时车辆上部最高部位至轨面垂直距离。

4）车体、底架长度

车体长度为车体两外端墙板（非压筋处）外表面间的水平距离。底架长度为底架两端外表面间的水平距离。

罐体长度指罐体两端板（不包括加温套）最外表面间的水平距离。

5）车体内部主要尺寸

车体内长：车体两端墙板内表面间的水平距离。

车体内宽：车体两侧墙板内表面间的水平距离。

车体内侧面高：由地板上平面至侧墙上侧梁的上平面间的垂直距离。

车体内中心高：由地板上平面至车顶中央部内表面间的垂直距离。

根据车辆运用的需要，对车体载货部分的尺寸分别有一定的要求。例如：敞车的内长，要考虑便于装运成品木材、集装箱等货物；棚车的内宽，要适合于安装备用床板设备：车体内高对布置车辆设备和旅客舒适性都有关系。

6）地板面高度

地板面高度指空车时，底架地板（或木地板）上表面至轨面垂直距离（不包括木地板覆盖物，例如地板布、地毯等的厚度）。对于通用客、货车辆的地板面高度有一定范围的要求货车应与高站台高度相适应，以便于装卸货物；各种客车地板面高度除与站台高度相适外，应尽可能一致，这样可以方便旅客在各车厢之间顺利通行。

7）车钩中心线高度

空车时，车钩中心线至轨面垂直距离为车钩中心线高度。这是保证各车辆之间、车辆与机车之间能够连挂运用的最重要尺寸。我国客、货车辆车钩高度标准均为880 mm。

3.4.4 车辆段和车辆检修

为了完成运输任务，铁路必须拥有相应数量的、性能良好的车辆。因此，一方面铁路工业部门要不断地新造足够数量的车辆；另一方面车辆部门还要做好车辆在日常运用中的维修保养工作，使已有车辆经常处于质量良好的状态，才能确保安全、高速、平稳地运送旅客和货物，并延长车辆的使用寿命。

为了保证车辆良好的技术状态，应有进行检修和整备作业的车辆段等车辆维修机构。车辆段应设在编组站、国境站和枢纽，以及货车大量集散和始发终到旅客列车较多的地区。

车辆段应有车辆修理库、油漆库、配件检修库、预修库、车辆停留线和轮对存放库，并按车辆检修作业要求配备相应的起重、动力、配件检修、储油、压力容器、试验、化验、探伤、照明及废油、污水和污物处理等设备和设施，以及检测、维修车辆运行安全监测系统、轴温报警、客车尾部安全防护装置和车辆信息化系统、车辆集中空调及管道清洗消毒等设备和设施。段内的车辆检修、整备、停留的线路应平直，线路纵断面的坡度不得超过1‰。

车辆实行定期检修，并逐步扩大实施状态修、换件修和主要零部件的专业化集中修。客车和特种用途车实行以“走行公里”为主、时间周期为辅的计划预防修，最高运行速度不超过120 km/h的客车修程分为厂修、段修、辅修，最高运行速度超过120 km/h的客车修程分为A4、A3、A2、A1；货车修程分为厂修、段修、辅修。检修周期及技术标准，按铁路总公司车辆检修规程执行。

目前，世界各国对铁道车辆所采用的检修制度，可分为两种类型：一种是把车辆维修划分为若干修程，进行有计划的预防性维修；另一种是根据车辆在运用中的技术状态，进行必要的维护和修理。目前，我国铁道车辆的检修制度是，以计划预防为主、状态修为辅。计划预防性检修制度分为定期检修和日常维修两大类。

1. 定期检修

车辆定期检修就是按照规定的期限，对整个车辆或某些部分进行全部或部分的检修。它是根据车辆各部分在正常使用条件下的磨耗规律，对不同部件制定不同的检修周期和技术标准，到期进行检查、修理或更换。车辆经过定期检修后应使它的运用性能在整个检修周期内保持良好状态。

车辆的厂修由车辆工厂负责，对车辆进行全面而彻底的修理，车辆经过厂修后，该车辆的性能要求达到或接近新车的水平。段修由车辆段承担，段修要求对车辆各部分作全面的检查，修换其损坏和磨耗过限部分。车辆的辅修主要是对制动装置和轴箱油润部分进行检修。

车辆段是设在铁路沿线负责车辆检修工作的基层单位，一般设在编组站、铁路枢纽以及货车大量集散和始发终到旅客列车较多的地点。它主要承担车辆的定期检修和日常保养工作。因此，在段内设有修车库、修车线及辅助车间等。在它所负责范围内的每一编组站和区段站上均设有列车检修所，并根据需要设立站修所等日常检修单位。

2. 日常维修

为使车辆经常保持良好的技术状态，在定期检修之间的运用期内，还必须对车辆进行日常检查和维修工作。只有日常检查和定期检修配合起来，才能保证车辆的完好和正常运用。

日常维修工作由列车检修所和站修所等单位承担。列车检修所对经本站中转或到达本站的列车中所有车辆进行技术检查和修理，同时还负责扣修定检到期的车辆。站修所的任务是进行货车的摘车修理和辅修工作。为了车辆的良好运用和加速车辆周转，在日常维修中应尽量采取不摘车修理方式。

客车和货车不同，它有固定的配属段，并按照规定的区段运行。所以，客车的日常维修工作主要是利用旅客列车终到后、始发前的时段在客车整备所进行，又称为库列检。在运行途中，还要进行列车的技术检查。此外，在旅客列车上还派有固定的检车乘务员，负责检查车辆和车电设备的技术状态，防止因车辆技术状态不良而发生摘车或晚点，对于某些检车乘务员无力处理的故障，要及早联系前方旅客列检协助处理。

旅客列车和机械冷藏车组应实行包乘制，检修应实行包修制和专修制；固定装卸地点循环使用的特快货物班列、快速货物班列、整列集装箱车、罐车、矿石车、煤炭运输车以及须实行固定配属的专用货车，实行固定配属制；其他货车实行按区段维修保养负责制。

3.5 动车组列车

动车组列车，简称动车组，是现代列车的一种类型，由至少一节带驱动力的车厢（简称动车）和若干节不带牵引力的车厢（简称拖车）共同组成。相比大多数传统列车，动车组具有牵引力大、加速度快以及无须更换火车机车等多种优点，广泛用于各种高快速铁路和城市轨道交通中，是未来客运列车的主流。

动车组是由动车和拖车组成的自带动力、固定编组的旅客列车。动车组模糊了机车和车辆的界限，带动力的称为动车，不带动力的称为拖车。

动车组应有识别的标记：路徽、配属局段简称、车型、车号、定员、自重、载重、全长、最高运行速度、制造厂名和日期、定期修理日期、修程和处所。动车组应有“电化区段严禁攀登”的标识。

动车组应具有列车运行安全监控功能，对重要的运行部件和功能系统进行实时监测、报警和记录，并能及时向动车段、动车所传输。

动车组须配备机车综合无线通信设备（CIR）、列控车载设备、车载自动过电分相装置等，满足相应速度等级运行需要。

我国高速铁路、快速铁路和城际铁路主要以动车组作为客运列车，以CRH系列车型为主，并逐渐推广普及CR系列车型（中国标准动车组又称复兴号动车组）。

动车组列车有以下分类方式：

① 按动拖比，可分为动力集中和动力分散。

② 按用途，可分为客运动车组和货运动车组（少数）。

③ 按动力燃料类别，可分为柴油动车组、燃气轮动车组和电力动车组。

④ 按作用，可分为有动力（转向架上装有牵引电动机）的、无动力的、无动力但一端有驾驶台的3种。

3.5.1　和谐号电力动车组

和谐号电力动车组是2004年中国引进德国、日本等国的高速动车组技术，在消化吸收再创新的基础上，生产的高速动车组系列的总称。和谐号电力动车组是我国铁路全面实施自主创新战略取得的重大成果，标志着我国铁路客运装备的技术水平达到了世界先进水平，中国也由此成为世界上少数几个能够自主研制高速动车组的国家，其中CRH380A型动车组，持续运营最高时速达到350 km，最高运营时速可达380 km。中国和谐号电力动车组列车，包括1系、2系、3系、5系，还有CRH6型城际动车组、CRH380系列，如图3.11所示。

又可以分为A、B、C、E 4个小类：

A代表时速200 km，8辆编组；

B代表时速200 km，16辆编组；

C代表时速350 km，8辆编组；

E代表时速200 km卧铺动车组（目前主要是CRH1E和CRH2E）。

（a）CRH1型电力动车组

（b）CRH2型电力动车组

（c）CRH380A电力动车组

图3.11　和谐号电力动车组

不同功能用途和功率性能的动车组，编组模式各有不同。一般情况下，单列动车组普遍比传统列车的短，采用4或8节车厢编组，并有16节的列车重联。CRH系列动车组的动力分配方式不统一，如CRH1B为10动6拖编组，CRH2B是8动8拖编组，CRH380AL采用14动2拖编组。

为确保高速行车的主要功能，动车组在车型、牵引、制动、减振、列控、检测、供电等一系列技术上都要取得重大突破。动车组有总成、转向架、车体、牵引传动系统、制动系统、网络控制系统等技术。新一代高速动车组在系统总结轮轨关系、流固耦合关系、弓网关系的基础上，在气密强度、振动模态、转向架、减振降噪、牵引系统、弓网受流、制动系统、旅客界面、智能化列车等方面进行了系统创新。

3.5.2 复兴号电力动车组

复兴号动车组列车，即中国标准动车组，是由中国铁路总公司牵头组织研制、具有完全自主知识产权、达到世界先进水平的动车组列车。CR400持续运营速度350 km/h，最高时速400 km/h，是世界上运营时速最高的高铁列车，如图3.12所示。

2012年，中国标准动车组“复兴号”正式启动研发；2017年6月25日，中国标准动车组被正式命名为“复兴号”，并于同月26日在京沪高铁正式双向首发；2018年7月1日起，全国铁路实行新的列车运行图，16辆长编组“复兴号”动车组首次投入运营。

中国动车组英文代号CR，是China Railway的缩写，即中国铁路。CR200/300/400，分别对应160 km、250 km和350 km三种持续时速等级，数字代表最高时速，例如，400代表最高速度可达400 km/h及以上，持续运行速度为350 km/h；“A”和“B”为企业标识代码，A代表生产厂家为中车青岛四方机车车辆股份有限公司，B代表中车长春轨道客车股份有限公司；“F”代表技术类型代码，表示动力分散式，“J”代表动力集中电动车组，“N”代表动力集中内燃动车组。

（a）CR400AF型电力动车组

（b）CR400BF型电力动车组

图3.12 复兴号电力动车组

中国标准动车组统一采用4动4拖编组模式，并以4节车厢为一个动力单元，每个单元是2动2拖，能实现4、8、12、16等4的倍数的数量车厢自由编组。

3.5.3 动车所和动车组检修

动车组实行以“走行公里周期”为主、时间周期为辅的计划预防修，检修方式以换件修为主，主要零部件采用专业化集中修。动车组修程分为一、二、三、四、五级。动车组实行计划预防检修，分为运用检修和定期检修。检修周期及技术标准按铁路总公司检修规程执行。

为保证动车组良好的技术状态，应有进行检修和整备作业的动车段、动车所等维修机构。动车段（所）应具备动车组运用检修、行车安全设备检修、客运整备能力及相应的存车条件；承担动车组三、四、五级修程的动车段还应具备动车组相应修程的检修能力。

动车段（所）应设库线供动车组检修，并应配备地面电源及相应设备对转向架、车下设备、车上以及车顶设备进行检查、维护、更换、检修和清洗等作业。

动车段（所）应具备各型动车组运用检修、行车安全设备检修、客运整备能力及相应的存车条件，动车段还应具备特定动车组定期检修能力。

动车段（所）设动车组司机派班室、候班室、配备列控车载设备、LKJ、列车无线调度通信系统等的检修、检测设备和数据转储、分析设备，并设相应检修处所。

动车组日常运用的整备、清洁、排污等作业原则上应在动车段（所）完成。不在动车段（所）停留的动车组，需要进行整备、保洁、上水、排污等作业时，其停留地点根据需要应具备相应的条件，应在车站设置吸污设备。

动车段（所）应设有管理信息系统。

3.6　城市轨道交通车辆

城市轨道交通是近代高科技的产物，大多采用全封闭道路、立体交叉、自动信号控制调度系统和轻型快速电动车组等高科技产品和手段，其行车密度大，旅行速度高，载客能力大，其疏通客流的能力与传统的道路公共交通工具相比，具有无与伦比的优越性。城市轨道交通多数采用性能优良的电动车组模式，无污染、低噪声，享有“绿色交通”的美称。一般认为，城市轨道交通主要有地铁、有轨电车、轻轨、独轨及磁浮等几种形式。

城市轨道交通车辆是指城市轨道交通系统中，由电力牵引搭载乘客，在固定导轨上行驶的一种运输工具，如图3.13所示。

（a）大连轻轨车辆　　（b）上海地铁车辆

图3.13　城市轨道交通车辆

我国城市轨道交通建设仍处于高速发展期，各级城市对城市轨道车辆提出了各种各样的要求，加之国内外车辆供应商众多，因此，车辆品种较多，规格各异。为有利于我国城市轨道车辆制造、运营、维修的良性发展，规范车辆类型、统一主要技术规格是十分必要的。建设部与国家发展和改革委员会于1999年联合颁布了首部《城市快速轨道交通工程项目建设标准（试行本）》，根据我国各城市对城市轨道车辆选型的不同要求和城市轨道车辆的发展现状提出了A、B、C型车的概念，主要按车体宽度的不同进行分类。

进入21世纪，中国城市轨道交通行业加速发展，在轨道交通制式方面，直线电机、低地板（70%）车、跨座式单轨等轮轨系统先后建成运营。同时各城市在轨道交通建设和运营中也积累了较丰富的经验，城市轨道交通的建设理念不断更新和发展。为了把这些技术进展及时吸收到《城市快速轨道交通工程项目建设标准（试行本）》中来，2008年，建设部与国家发展和改革委员会组织相关部门对标准进行了全面的修订，更新和完善了一些与车辆有关的关键参数，尤其是增加了D型车辆（低地板车辆）和L型车辆（直线电机车辆）。同时《地铁车辆通用技术条件》（GB/T 7928—2003）中对用于地铁的运营车辆的技术规格也做出了相应的具体规定。

车辆基本形式有以下五种分类方式：

① 按车体宽度和驱动方式，可分为两类、六种车型：黏着牵引系统。A、B型车，车体宽度为3.0 m、2.8 m的四轴系列车型；C、D型车，车体宽度为2.6 m，车地板不同高度的铰接车系列车型；单轨胶轮车，车体宽度为3.0 m的跨座式单轨胶轮系列车型。非黏着牵引系统。L型直线电机车辆系列。

② 按车辆的牵引控制系统，可分为交流变压、变频车。

③ 按车体材料，可分为不锈钢车、铝合金车和耐候钢车。

④ 按受电方式，可分为受电弓车、受流器车、受电弓加受流器车。

⑤ 按电压等级，可分为直流1 500 V和直流750 V。

城市轨道交通车辆类型不同，技术参数多种多样，但其基本结构是类似的，一般由车体、转向架、车辆连接装置、制动装置、受流装置、车辆设备和车辆电气系统组成。车辆设备包括服务于乘客的设备和服务于车辆运行的设备。属于前者的有：照明、广播通风、取暖、空调、坐椅、吊环、扶手等。服务于车辆运行的设备一般不占车内空间，吊挂于车底的有蓄电池箱、斩波器、逆变器、继电器箱、主控制箱、接触器箱、空气压缩机组和储风缸等，安装于车顶的有空调单元和受电弓等。

3.6.1 城市轨道车辆车体的基本特征

城市轨道车辆车体用作城市或者近郊客运的专门客运交通工具，因而城市轨道车辆车体具有如下特征：

① 城市轨道车辆车体一般为电动车组，有单节、双节、三节式等，有头车和中间车，以及动车与拖车之分，车体结构有其多样性。

② 座位少，车门数量多、开度大，内部服务设备较简单；

③ 质量的限制较严格，轴重小，以降低线路工程投资；

④ 为使车体轻量化，对于车体承载结构一般采用大型中空截面挤压铝型材、高强度复合材料或不锈钢。

⑤ 对车体防火性能要求高，采用防火设计和阻燃处理；

⑥ 对车辆隔音和减噪有严格要求，降低噪声对乘客和沿线居民影响；

⑦ 对于车辆外观造型和色彩具有美化和与城市景观相协调的要求。

城市轨道车辆车体一般要求具有如下特性：应具有构件所要求的高强度和刚性；重量轻；具有耐老化、耐污染、耐磨耗及耐光照等特性；耐火、阻燃；施工容易且价格便宜；易于维修；适合于环境的改进（隔热、隔音性能提高）；适合于提高舒适度（减振）等。

3.6.2　城市轨道列车编组

城市轨道分散动力型列车中，动车和拖车通过车钩连接而成的一个相对固定的编组称为一个（动力）单元，一列车可以由一个或几个单元编组而成。

列车编组的主要内容是车型、编组辆数、动拖比三个要素。城市轨道交通的规模取决于高峰时刻小时客运量，而小时客运量取决于编组列车的载客量及行车间隔。从目前既有的城市交通系统来看，列车编组车辆数量，在2～10这9个整数中均有取值。由于城市轨道交通系统在上下班、节假日与其他时间相比，高峰小时客流量与非高峰小时客流量相差3～4倍，其对策是调整行车间隔及列车编组车辆数目。所以，在考虑列车编组时，可以将大编组分解为小编组。例如，10辆可以分解为2列5辆编组；8辆分解为2列4辆编组。

目前多数城市轨道交通系统，特别是地铁和城市电车，大多采用加大行车间隔来调节运量，而较少采用分解列车编组由大变小的方法。

我国地铁列车编组形式为：六辆编组的主要有“三动三拖”和“四动二拖”，四辆编组主要有“二动二拖”。

3.6.3　城市轨道车辆车体的基本结构

近代城市轨道车辆车体均采用整体承载的钢结构或轻金属结构，以达到满足强度和刚度的同时，降低车辆自重的要求。我国地铁车辆的车体结构从20世纪80年代就开始采用耐候钢无中梁整体承载结构，车体侧墙、车顶的梁柱与蒙皮结合后与底架构成封闭断面，以增强车体的强度和刚度。到20世纪90年代又生产了断面为鼓形的地铁车辆，使其能更好地利用限界。《地铁车辆通用技术条件》（GB/T 7928—2003）规定我国地铁车辆车体采用整体承载结构。

城市轨道车辆整体承载结构车体是由若干纵向、横向梁和立柱组成的钢骨架（也称钢结构），再安装内饰板、外蒙皮、地板、顶板及隔热、隔声材料、车窗、车门及采光设施等。一般包括底架、端墙、侧墙、车顶、车窗、车门、贯通道和车内设施等部分。

车体的一般结构形式如图3.14所示。底架是车体结构和设施的安装基础，承受主要的动、静载荷，因此底架必须具有足够的强度和刚度，是检修作业的重点。底架中部断面较大并沿其纵向中心线贯通全车的梁称为中梁，它是底架的骨干。底架两侧边沿的纵向梁称为侧梁，侧墙固定其上。底架两端部的横向梁称为缓冲梁（或称为端梁），端墙固定其上。在转向架的支承处设有枕梁，为横向梁中断面最大的梁。在两枕梁之间设有两根以上的大横梁。为了吊挂设备、铺设地板，底架上还设有若干小横梁和纵向辅助梁，同时达到了增强底架强度和刚度的目的，由上述梁件构成底架的一般结构，其中，中梁和枕梁承担载荷最大，因而最为重要。

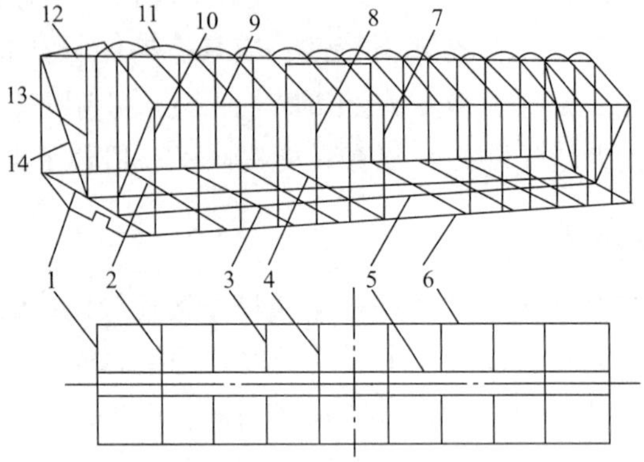

图3.14　车体的一般结构形式

1—缓冲梁（端梁）；2—枕梁；3—小横梁；4—大横梁；5—中梁；6—侧梁；7—门柱
8—侧立柱；9—上侧梁；10—角柱；11—车顶弯梁；12—顶端弯梁；13—端立柱；14—端斜撑

侧墙由杆件、墙板和门窗组成。杆件包括立柱上弦梁、横梁和其他辅助杆件，它们与底架的侧梁连成体。墙板有蒙皮和内饰板，蒙皮是由钢板、不锈钢板或铝合金板制成的，内饰板具有车内装饰的功能，经过阻燃处理。

端墙结构与侧墙基本相同，除端梁外，还设有角柱、端立柱、上端梁和墙板等。车顶结构包括车顶弯梁、车顶横梁、车顶端弯梁和车顶板等。

车体结构设计上是整体承载的轻量化结构，采用模块化设计制造而成，使整车重量轻、能耗低，充分发挥了车体各个构件中的强度，并大大提高了车体整体刚度。模块化车体结构与整体焊接结构车体相比，最显著的特点就在于将模块化的概念引入到车体设计、制造与生产管理的各个环节之中。模块化车体设计是将整个车体分为若干个模块，在每个模块的制造过程中完成整车需要的内装、布管与布线的预组装并解决相互之间的接口问题。各模块完成后即可进行整车组装。每一模块的结构部分本身采用焊接，而各模块之间的总成采用机械连接，如图3.15所示。

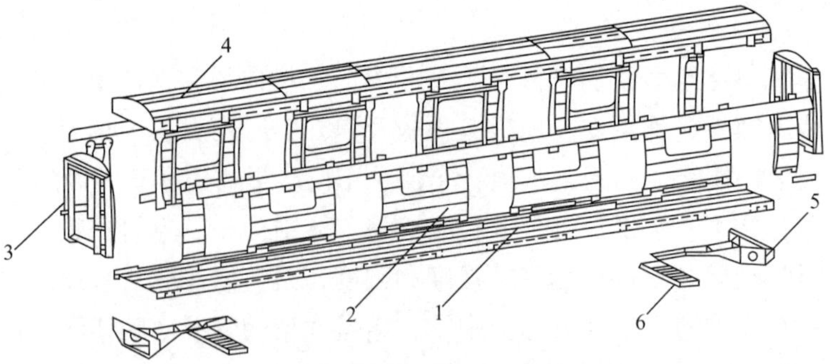

图3.15　车体模块组成

1—底架模块；2—侧墙模块；3—端部模块；4—车顶模块；5—牵引梁模块；6—整梁模块

模块化结构的优点：

① 在每个模块的制造过程中均注意验证其质量。

② 由于每个模块的制造可以独立进行，并解决了模块之间的接口问题，因此，各模块和部件可以由不同的工厂同时生产。

③ 可以改善劳动条件、降低施工难度、提高劳动效率、保证整车质量。

④ 可以减少工装设备、简化施工程序、降低生产成本。

⑤ 在车辆检修中，可采用更换模块的方式进行，方便维修。

模块化结构也存在缺点：模块化结构的个别部件（如司机室框架）有的采用了部分钢材制造，各部件之间又采用了钢制螺栓连接，所以车体自重要比全焊结构稍重。

3.6.4　城市轨道车辆车体的材料

城市轨道车辆车体材料的选择会影响车体的强度和刚度；直接关系车辆运行的安全性和乘客的舒适性；关系到车辆的载客能力和能耗大小；关系到车辆检修工作费用和使用寿命；影响车辆采购费和运营维修费的高低。因此，选择城市轨道车辆车体材料时，不但要考虑车辆采购价格，还要考虑车辆长期运行时的运营和维修费用。

按照车体所使用的材料可分为：碳素钢车体、铝合金车体和不锈钢车体。早期的城市轨道车辆车体材料基本上是碳素钢（包括普通低碳钢和耐候钢），目前主要使用铝合金和不锈钢。

1. 碳素钢车体

一般车辆的车体大多采用普通碳素钢制成的骨架和外包板的结构，形成一个闭口的筒形薄壳整体承载结构，一般自重达10～13 t。

为了提高车体的耐腐蚀性，延长车体的使用寿命，现在应用较多的是含铜或含镍铬等合金元素的耐腐蚀的低合金钢材料（耐候钢），可使车体钢结构自重减轻10%～15%。

2. 铝合金车体

铝合金车体是一种轻型整体承载结构，主体材料是铝合金型材，通常采用模块化结构或全焊接组装，是一种新型的车体结构。铝合金车体除了车钩部分及车体内的螺钉座使用碳素钢外，其他部位均为铝合金。由于铝合金的比重仅为钢的1/3，而杨氏模量也是钢的1/3，在铝制车体结构设计中，车体主要承载构件一般采用大型中空截面的挤压铝型材，以提高构件的刚度，充分发挥材料的承载能力，以最大限度地减轻车体自重，而且，与钢制相比，焊接工作量减少40%，制造工艺大为简化，重量可减轻3～5 t。

采用铝合金材料制造车体可最大限度地减轻车体自重，从而带来提高车辆的加速度，降低运能消耗，牵引及制动能耗低，减轻了对线路的磨耗及冲击，扩大了输送能力等诸多好处。

3. 不锈钢车体

不锈钢车体具有耐腐蚀、免维修等特点。采用半不锈钢或全不锈钢车体，免除了车体内壁涂覆防腐蚀涂料和表面油漆的处理工作。在保证强度、刚度的前提下，通过调质压延而获得高强度不锈钢薄板，板厚可减小，同时也提高了使用寿命。一般不锈钢车体自重比普通碳素钢可减轻1～2 t（约10%～20%）。

根据城市轨道车辆的结构特点、制造工艺以及使用环境，同时考虑到制造成本，要求所使用的不锈钢材料必须具有如下性能：

① 价格便宜，要求不锈钢通用性高，容易购买。

② 耐腐蚀性好。

③ 具有能满足车辆的足够的强度。

④ 加工性好，在对其进行剪切、弯曲、拉延、焊接等加工时，不会产生缺陷。

轻量化不锈钢车体的设计和制造不是不锈钢材料简单代替碳钢材料，在结构设计、加工工艺、外形设计，尤其是底架的设计方面有多项改变、调整和优化，现代不锈钢车体是完全不同于普通碳钢车体的一种新型车体。不锈钢车体呈鼓形，整车除底架端部采用碳钢材料外，其余各部位均全部采用高强度不锈钢材料。各零部件间用点焊连接，梁、柱间通过连接板相连接，各大部件间也是采用点焊连接。

3.6.5 城市轨道车辆的检修

不同地铁线路之间的车型和设备型号之间存在着不同程度的差异，因此城市轨道车辆检修的标准化更是一种流程上标准化。对待不同制式和型号的设备在其具体的检修工艺流程上还是存在着一定差异的。不同城市轨道运营公司、不同车体类型按照各自的检修规程执行，检修规程一般规定了不同修程的检修作业流程、检修安全要求、检修内容、检修标准等。

1. 计划维修

城市轨道交通车辆的计划维修是按车辆的运营里程数或运营时间，对车辆进行不同等级的周期性维修。计划维修一般分为日检、双周检、双月检、定修、架修、大修六级修程。各级修程内容的制订应遵循高一级修程包含低一级修程内容的原则，且在对各类磨损件限度标准的制订上，必须要保留足够的使用余量至下一修程。

日检是对车辆整体及某些重要部位进行目测检查，确保列车状态良好，减少列车运行故障率。日检是不需要使用任何控制设备和技能就可以由技能员工处理的工作，包括列车清扫、对专业设备操作和肉眼检查、更换灯泡等维修保养工作。

周、月检主要是对车辆某些部件进行检查、清扫、测量，对牵引制动系统进行调试，由有经验的技术人员负责，但简单的设备如照明设备的更换，非技术员工就可以胜任，至少每一个月或行程1万千米进行一次。检查的内容包括测试、测量、技术清洁、加润滑油等，也包括小型的修理和更换。

定修主要是局部分解，对重点部分如走行部分、受流器、电气控制系统、牵引、制动等部件进行检查、修理、测试，修后对车辆进行静、动态调试。定修需要完成复杂的工序和使用专门的设备。主要包括测量和测试、更换一些部件和对所有列车电路的常规检查，至少每10万km进行一次。维修保养只限于零部件更换，如对转向架、牵引电动机、悬挂装置等大部件的更换。

架修主要是对转向架、受流器、牵引电机、制动系统、车钩缓冲装置、车门、各种电气控制装置等部件进行分解、检查、修理、互换、试验，对仪器仪表进行校验，对车体及其余部件的技术状态进行检查修理，重新组装后对车辆进行静、动调试。

大修是将车辆全部解体，对转向架、车体等进行测量与整形，对所有部件全部进行分解、修理和试验，使其完全恢复技术状态；对车辆重新进行油漆标记；对重新组装后的车辆进行静、动调试。为缩短停修时间，配件采取互换检修。

架、大修所完成的修理任务，需要专业的工人、专业的技术和装备。

2．维修模式

城市轨道运营公司依据车辆运行情况、运营成本和维修人员技术水平，采用不同的维修模式。一般运营初期由于线网规模有限，人员技能不均衡、新车状态不稳定等，可以采用预防性维修与故障性维修相结合的模式；运营中期考虑运营成本，降低故障率、压缩检修周期，可以采用预防性维修为主，多种维修方式并存的模式；运营后期故障诊断水平提高，人员技能提升、状态修具备实施条件，可以采用计划性维修、状态临修、均衡修相结合的维修模式。

① 预防性维修，是指通过对设备的检查、检测发现故障征兆以防止故障发生，使其保持在规定状态所进行的各种维修活动，包括擦拭、润滑、调整、检查、更换和定时拆修等。预防性维修的内容和时机是事先加以规定并按照预定的计划进行的，属于计划性维修。

② 故障性维修，修复性维修包括故障定位、故障隔离、分解、更换、再装、调校、检验以及修复损坏件等。属于非计划性维修。

③ 改进性维修是利用完成既定维修任务的时机，对装备进行经过批准的改进和改装，以提高装备的性能、可靠性或维修性或使之适合某一特殊的用途。它是维修工作的扩展，实质是维修装备的设计。

④ 诊断性维修又称状态修、视情维修，是根据设备的实际技术特点来确定维修时机。在状态监测和技术诊断基础上，掌握设备劣化发展情况，在高度预知情况下，适时安排预防性修理。

认真做好检修工作，对保证车辆的正常运行和延长使用寿命，具有十分重要的意义。

第4章 轨道交通信号系统

4.1 轨道交通信号系统概述

轨道交通信号是轨道交通系统中的重要组成部分，它保证列车安全、有序、快速、舒适地运行，是提高运输效率、实现自动控制列车运行的关键系统。传统铁路信号系统主要包括CTCS 0–4级，其中高速铁路主要应用CTCS 2/3级；城轨信号系统主要指ATC，包括ATS、ATP、ATO以及联锁系统。

4.1.1 轨道交通信号系统的组成

轨道交通信号系统是保证行车安全，提高区间和车站通过能力以及编组站编解能力的自动控制及远程控制技术的总称，其主要功能是保证行车安全，提高运输效率。轨道交通信号系统担负着铁路各种行车设备的控制和行车信息的传输，是铁路信息技术的重要组成部分。轨道交通信号经历了机械化、电气化和自动化发展阶段。随着微电子技术、计算机技术、数传技术的飞跃发展，自动化程度更高、控制范围更大、集中化更强的新型信号系统，具有网络化、综合化、数字化、智能化的技术特点。

轨道交通信号系统包括信号系统和信号设备、器材两个层次。信号系统包括：车站联锁、区间闭塞、列车运行控制、驼峰调车控制、行车调度指挥控制、道口信号、信号微机监测等系统。信号设备、器材包括：继电器、信号机、轨道电路、转辙装置、控制台、电源屏、应答器、计轴器等。

4.1.2 轨道交通信号设备的地位和作用

轨道交通信号设备是铁路的主要技术装备。轨道交通信号设备对于指挥列车运行、保证行车安全、提高运输效率、减轻劳动强度等方面起着非常重要的作用。随着铁路运输向高速度、高密度、重载、电气化发展，轨道交通信号设备的地位和作用日见突出。轨道交通信号设备现代化是铁路现代化的重要标志和必要条件。没有轨道交通信号设备的现代化，要实现铁路现代化，是不能想象的。在世界范围内，现代化轨道交通信号设备受到普遍重视，得到迅速发展。轨道交通信号设备具有显著的地位和重要作用。

1. 轨道交通信号设备是行车安全的“保护神”

轨道交通信号设备作为保证行车安全的最重要技术装备，在行车安全中起着不可替代的作用。信号设备的逐渐完善和现代化，使行车安全建立在可靠的物质基础上，杜绝和消灭了不少危及行车安全的因素，使行车安全处于有序可控的状态。靠设备保证行车安全，提高铁路运输安全水平是当时铁道部的重要决策。

1）电气集中联锁有效抑制了错办进路等事故的发生

电气集中联锁作为车站联锁的安全设备，以其严密的联锁关系，有效地减少了错办进路、向有车线接入列车、未准备好进路接发列车、调车挤岔等事故，杜绝了车务人员错误办理造成的事故，极大地保证了站内作业的安全，解决了铁路运输生产中最关键的问题。

据统计，车务部门历年来发生的行车重大、大事故中，发生在非集中联锁的车站占一半，另有17%左右发生在非联锁区和信号设备停用时。从20世纪70年代末以来，全路电气集中联锁以每年100个站2 000组道岔以上的速度发展，而全路重大、大事故则在逐年减少。进入20世纪90年代后期，电气集中装备率达到90%，基本上消灭了错办进路的事故。

2）自动闭塞、半自动闭塞大幅度减少了错办闭塞等事故的发生

自动闭塞和半自动闭塞，尤其是自动闭塞，能防止向占用区间发出列车、未办或错办闭塞发出列车等事故，确保区间行车的安全。统计表明，当自动闭塞与半自动闭塞设备装备率达到90%以上时，向占用区间发出列车的险性事故，年发生10～20件；当装备率达到95%以上时，此类事故的年发生件数降至5～10件；当装备率上升到98%左右时，年发生件数在5件以下，一般为2件。由于全路基本装备了自动闭塞和半自动闭塞，向占用区间发车，由“八五”期间的13件降到“九五”期间的2件。未办或错办闭塞发出列车的险性事故，也有类似规律，从年发生20～30件，降至6～10件，再降至3件以下。由“八五”期间的7件降为“九五”期间的零。

3）机车信号系统大大降低列车冒进信号的可能性

机车信号系统对于保证行车安全的效果非常显著。我国铁路从20世纪80年代开始大力发展“机车三大件”以来，冒进信号的事故持续下降。1985年全路发生冒进信号的险性事故176件，当时机车信号装备率为73%。到了1995年机车信号装备率达到98%，冒进信号的险性事故降至9件。2000年装备率提高到100%，机务系统冒进信号的险性事故由“八五”的128件降到“九五”的17件。

4）驼峰自动化设备消灭了驼峰调车事故

驼峰自动化设备对溜放进路、溜放速度进行自动控制，消除了因人为因素造成的危及行车安全的因素，逐步消灭调车事故。例如南翔编组站在1971—1977年为机械化驼峰，发生61件调车事故；1978—1982年为半自动化驼峰，发生12件调车事故；1983年以后为自动化驼峰，没有发生一件事故。

5）道口信号设备是保证道口安全的重要措施

1971—1980年，我国汽车增加了3.26倍，道口事故件数也增加了3.32倍，几乎是同步增长。1982年我国百处道口事故率11.5件，为同期美国的4倍，日本的5倍，德国的7倍。道口防护设备不完善是道口事故发生的根本原因。1985—1987年在全国机动车辆年增加13%，铁路换算周转量年增加11%的情况下，因对道口实行综合治理，增设1 500处道口信号设备，使道口事故大幅度下降，1987年比1984年下降了60%。

2. 轨道交通信号设备是提高运输能力的有效手段

在铁路扩能、提效中，信号设备发挥着重要的作用。采用先进的信号设备，可提高车站和区间的通过能力、编组站的解编能力，从而提高行车密度。据分析，在1985—1995年期间，轨道交通信号设备对运输能力增加的实际贡献达24.2%。这是依靠科技进步，以内涵方式增加运输能力的最有效手段。

1）集中联锁提高车站通过能力

集中联锁把全站的道岔、进路和信号集中起来控制，控制迅速，不再需要分散控制时所需要的联系时间，因而大大提高了车站作业效率。与非集中联锁相比，车站咽喉区通过能力可提高50%～80%，到发线通过能力可提高15%～20%。

2）自动闭塞提高区间通过能力

自动闭塞，无论单线或双线，无须办理闭塞手续，又可组织列车追踪，可大幅度提高区间通过能力。

3）自动化、半自动化驼峰提高编组站解编能力

驼峰自动化、半自动化是提高编组站解编能力、协调点线能力的最有效手段。驼峰道岔自动集中可提高解编能力10%～20%；机械化与非机械化驼峰相比，可提高解编能力50%左右；半自动化驼峰比机械化驼峰提高10%～15%；自动化驼峰可再提高10%～15%。南翔站由半自动化驼峰改建为自动化驼峰后，解体能力从61列提高到77列，日均办理辆数从3 825辆提高到5 550辆。郑州北站实现编组站综合自动化后，解体能力在半自动化的基础上提高了17.3%。

4）调度集中充分利用线路通过能力

调度集中虽不是直接提高通过能力的手段，但可通过集中控制，提高行车调度的自动化程度，从而充分发挥线路通过能力。据统计，有的双线区段采用调度集中，可在自动闭塞的基础上继续提高效率达34%，单线可提高50%。

3. 轨道交通信号设备具有显著的宏观效益

1）轨道交通信号设备具有明显的经济效益

轨道交通信号设备经济效益显著，投资回收期短。例如京沪线南京东—滁州间自动闭塞列车间隔时间8 min改为7 min后，提高运能25对，每年增收达550万元，而投资仅为150万元。徐州—孟家沟间改半自动闭塞为自动闭塞后，提高平行通过能力42.8%，工程投资30万元，当年8个月就净增收入695万元。南翔编组站实现自动化后比机械化时每昼夜多解体16列车，如其他条件具备，可增开8列列车，年获利1 800多万元，而自动化工程全部投资仅450万元。

2）轨道交通信号设备具有明显的社会效益

轨道交通信号设备在提高其他运输部门的作业效率、提高劳动生产率以及减轻作业过程与风险方面，也具有明显的社会效益。电气集中显著提高了车务部门的劳动生产率。据统计，电气集中道岔装备率从1985年的64.4%提高到1995年的90.4%，车站联锁道岔由8.1

万组提高到11.3万组，而车务部门行车人员由13.85万人下降到13.23万人，即每组联锁道岔所需1.71人降至1.16人，减少行车人员6万人。同期，每组联锁道岔所需信号人员保持在0.43人的水平，净增1.5万人。因此，净节约人员4.5万人，按1995年职工平均工资计算，可节省工资支出约4亿元。

4.2　信号基础设备

4.2.1　电动转辙机

电动转辙机主要用于完成道岔的转换和锁闭。ZD6系列电动转辙机是使用数量最多的道岔转辙设备，采用直流电动机作为动力源，用行星传动式减速器减速，为内锁闭方式。按不同的需要，分为A、D、E、F、G、J、H、K等型号，以及用于驼峰分路道岔的快动型ZD7型转辙机。提速后，特别是高铁广泛采用分动外锁闭道岔，道岔转辙设备大量使用S700K、ZD（J）9、ZYJ7型转辙机。S700K、ZD（J）9型电动转辙机采用三相交流电动机，用滚珠丝杠作为驱动装置，结构先进、工艺精良、故障率低。ZYJ7型电动液压转辙机采用三相交流电动机，液压传动，机械转换和锁闭，也广泛使用在普速线正线上。

1. 概述

电动转辙机是转辙装置的核心和主体，除转辙机本身外，还包括各类杆件、安装装置，它们共同完成道岔的转换和锁闭。ZD6系列电动转辙机是我国铁路使用最广泛的电动转辙机，用于非提速区段以及提速区段的侧线上，如图4.1所示。

图4.1　ZD6系列电动转辙机

2. 种类

ZD6系列电动转辙机包括ZD6-A型、ZD6-D型、ZD6-E型、ZD6-F型、ZD6-G型、ZD6-H型、ZD6-J型、ZD6-K型转辙机，本节以ZD6-D型转辙机为主进行介绍。

3. 结构

ZD6系列电动转辙机由电动机、减速器、摩擦联结器、转换锁闭装置、表示杆、自动开闭器、挤岔保护装置等部件组成。

1）电动机

电动机是转辙机的动力装置，一般采用直流电动机，电源由信号楼提供。根据车站操纵人员的意图，信号楼给出控制电源，通过电动机换向器改变线圈中电流方向，实现电动机正向旋转或反向旋转。

2）减速器

减速器采用行星减速机构，其作用是降低电动机转速，获得驱动尖轨所需的转矩；当停电或故障时，其输入轴头部方棒供手摇转动道岔。

3）摩擦联结器

摩擦联结器是连接主轴和减速器的装置，除起连接作用外，还有两个作用：道岔转换完毕时，动作电路被切断，电动机因惯性不可能立刻停转，此时惯性动能消耗于摩擦联结器上，保护了机械传动部分；当尖轨在转换途中受阻时，负荷超过一定限度，减速器内齿轮在摩擦夹板内空转，断开道岔尖轨和电动机的连接，使电动机继续旋转，不致被烧毁。

4）转换锁闭装置

转换锁闭装置主要由主轴、锁闭齿轮、动作齿条等组成，其作用是：将减速器输出的旋转力矩变换成改变道岔开通位置所需的水平推（拉）力；道岔在开通位置，即尖轨与基本轨密贴后，实现内部机械锁闭。

5）自动开闭器

自动开闭器是在电动转辙机启动时，切断原位置的表示电路，并接通使电动机反方向旋转的启动电路；当道岔转换到位、实现锁闭后，切断原启动电路，使电动机停转，同时接通新位置的表示电路。

6）表示杆

表示杆通过电动转辙机外部的表示拉杆与道岔尖轨连接，其作用是在自动开闭器的配合下，检查和监督尖轨的密贴状态；当道岔被挤时，顶起检查柱，切断道岔表示电路。

7）挤岔保护装置

齿条块和动作杆通过主、副挤切销，紧密地连接成一个整体。在正常情况下，动作齿条完成道岔的转换；挤岔时，挤切销被切断，使动作杆和齿条块移位，且把移位接触器顶起，切断表示电路，从而保护了其他机械部件。

4.2.2 信号机

1. 分类

信号机按用途分为进站、出站、通过、进路、预告、接近、遮断、驼峰、驼峰辅助、复示、调车信号机。

2. 地面信号机设置原则

1）进站信号机

进站信号机是用于防护车站的信号机，车站必须装设进站信号机，如图4.2所示。进站信号机应设在距最外方进站道岔尖轨端（顺向为警冲标）不小于50 m的地点，若因调车作业或制动距离的需要，不宜超过400 m。进站信号机应装设引导信号。

图4.2　进站信号机

2）出站信号机

出站信号机是用于防护站间区间的信号机，列车凭出站信号机的开放显示进入区间，如图4.3所示。车站的正线和到发线上，应装设出站信号机。出站信号机应设在每一到发线的警冲标内方（对向道岔为尖轨尖端外方）的适当地点。

在调车场的编发线上，必要时可装设线群出站信号机，并应在各铺发线路的警冲标内方适当地点装设发车线路表示器。

出站信号机有两个及以上的运行方向，而信号显示不能分别表示进路方向时，应在信号机上装设进路表示器。双线自动闭塞区段，有反方向运行条件时，出站信号机应装设进路表示器。

图4.3　出站信号机

3）通过信号机

通过信号机是用于防护闭塞分区或所间区间的信号机，应设在闭塞分区或所间区间的分界处，如图4.4所示。自动闭塞区段的通过信号机，不应设在停车后可能脱钩、牵引供电分相等处所，也不宜设在起动困难的地点。三显示自动闭塞区段的进站信号机前方第一架通过信号机的机柱上，应涂三条黑斜线。四显示自动闭塞区段的进站信号机前方第一、二架通过信号机的机柱上，应分别涂三条、一条黑斜线。自动闭塞区段内，当货物列车在设于上坡道上的通过信号机前停车后起动困难时，该信号机上应装设容许信号。进站信号机前方第一架通过信号机不得装设容许信号。

4）进路信号机

进路信号机是用于有几个车场的车站，指示列车从一个车场开往另一个车场。进路信机可分为接车进路信号机和发车进路信号机。接车进路信号机应装设引导信号。

图4.4　通过信号机

5）预告信号机

预告信号机的作用是向接近的列车提前预告主体信号机的信号显示状态，以确保行车安全，如图4.5所示。规定设置预告信号机的主体信号机包括：遮断信号机和半自动闭塞、自动站间闭塞区段的进站信号机（在列车运行速度超过120 km/h的线路段设接近信号机）、通过信号机。

列车运行速度不超过120 km/h的线路，预告信号机与主体信号机的安装距离不得小于800 m，当预告信号机的显示距离不足400 m时，其安装距离不得小于1 000 m。

图4.5　预告信号机

6）接近信号机

在列车运行速度超过120 km/h线路的半自动闭塞、自动站间闭塞区段，进站信号机外方应设置两段接近区段，在第一接近区段和第二接近区段的分界处，设接近信号机，在第一接近区段入口内100 m处，设置机车信号接通标。设置接近信号机的目的主要是提前让列车了解进站信号机的显示状态，以确保高速行车的安全。

7）复示信号机

进站、出站、进路信号机及线路所通过信号机，因受地形、地物影响，达不到规定的显示距离时，应装设复示信号机。设在车站岔线入口处的调车信号机，达不到规定的显示距离时，根据需要可装设调车复示信号机。

8）调车信号机

集中联锁的车站应根据站内调车作业的需要，装设调车信号机，如图4.6所示。必要时，可装设调车表示器。

图4.6 调车信号机

4.2.3 轨道电路

轨道电路是以铁路的两条钢轨为导体，用引接线连接电源和接收设备，使电流在一定范围内流动，用以检查列车占用、线路是否完整及向机车传递信息的电气回路。

轨道电路技术在我国的发展先后经历了直流轨道电路，交流连续式轨道电路和交流计数、移频、高频轨道电路（包括计轴设备），无绝缘轨道电路等多种制式，从单纯参与车站联锁到为机车提供地面信息，从机械绝缘节到电气绝缘节等变化，见证了中国铁路的发展历程。

我国非电气化区段的车站普遍采用JZXC-480型交流轨道电路，它是基于我国成功研制安全型继电器之后自行设计的交流轨道电路。此后JZXC-480型交流轨道电路在非电气化区段的车站上全面推广。

图4.7 轨道电路轨旁设备

为配合修建交流电气化铁路，参照前苏联和日本相敏轨道电路的技术，我国成功研制25 Hz相敏轨道电路。25 Hz相敏轨道电路已成为电力牵引区段较为常用的一种轨道电路制式，它也适用于非电气化区段。由于25 Hz相敏轨道电路采用低频传输，终端设备采用相位鉴别方式，且频率选为25 Hz，因此具有传输损耗小，执行设备灵敏度高，抗干扰能力强等优点。2019年国家铁路局发布《ZPW—2000轨道电路设备》（TB/T 3532—2018）行业标准。

随着铁路运营速度的提高和机车信号发展的需要，站内轨道电路的主要功能不仅要反映轨道区段是否被列车占用，而且要根据地面信号机显示提供列车运行控制信息，站内电码化成为实现这一要求的手段。

1. 轨道电路组成

轨道电路由钢轨、轨道绝缘、轨道接续线、电源引接线、送电设备及受电设备等主要元件组成。

1）送电设备

送电设备由电源、送端变压器、限流电阻、电源引接线及箱盒等组成。电源设备给轨道提供电源；送端变压器将电压降低；限流器为了保护电源而设，避免车列轮对短路轨面时变压器二次侧形成大电流烧毁变压器，同时可作电路参数微量调整用；电源引接线将送端设备与钢轨连通。

2）受电设备

受电设备由电源引接线、受端变压器、防雷元件、箱盒、轨道继电器组成。电源引接线连通钢轨，使之形成回路；受端变压器把轨面电压升高，同时改善钢轨阻抗与轨道维电器阻抗的成配；轨道继电器用来反映轨道电路的工作状态。在一送多受区段，受电设备还增设限流器用以调整受端电压平衡。

3）钢轨线路

钢轨线路由工务轨条、轨道接续线和钢轨绝缘组成。轨道接续线可减小轨条连接的接触电阻，钢轨绝缘用于分隔或划分轨道回路。

2. 轨道电路简单原理

轨道电路按工作方式分为闭路式轨道电路和开路式轨道电路。

1）闭路式轨道电路

闭路式轨道电路的特点是发送端和接收端不在同一端。轨道电路无车占用时，构成闭合回路，轨道继电器吸起；有车占用时，因轮对分路，使轨道继电器落下。当发生断轨、断线等故障时，继电器落下，实现“故障导向安全”。

2）开路式轨道电路

开路式轨道电路的特点是发送端和接收端在同一端，轨道电路无车占用时，轨道继电器落下；有车占用时，轮对构成轨道电路回路，使轨道继电器吸起。因继电器经常落下，不能监督轨道电路的完整性，断轨后有车也不能显示，有较大的安全风险，极少使用。

4.3　闭塞设备

闭塞设备是保证区间行车安全、提高运输效率的设备。我国铁路主要使用半自动闭塞、自动闭塞和自动站间闭塞等。其中：半自动闭塞主要运用于单线铁路，自动闭塞主要用于双线铁路，为满足铁路运输发展的需要，闭塞设备正进行大规模的技术改造，半自动闭塞除繁忙区段改建成自动闭塞外，主要应解决区间空闲检查的问题，即配计轴设备成区间长轨道电路，构成自动站间闭塞；自动闭塞则逐步改造为统一制式的ZPW-2000系列自动闭塞，也就是以ZPW-2000系列轨道电路为基础构成的自动闭塞。

4.3.1　闭塞设备概述

区间指的是两个车站（或线路所）之间的铁路线。车站与线路所之间的线路称为所间区间。根据区间线路的数目，区间分为单线区间、双线区间和多线区间（如三线区间）。

车站向区间发车时，必须确认区间无车，在单线区间还必须防止两站同时向一个区间发车。为此要求按照一定的方法组织列车在区间的运行，一般称为行车闭塞法，简称闭塞。用以完成闭塞作用的设备称为闭塞设备。

最初采用的闭塞制度是时间间隔法，即两列列车之间按时间表间隔一定的时间运行，当先行列车出发后，经过一定的时间，方允许后续列车出发。由于先行列车可能在途中减速或因故停留在区间，而且列车运行速度可能和预定计划不一致，因此这种方法不可靠。电报和电话应用于铁路行车，即所谓电报或电话闭塞，曾起过很重要的作用。但当联系错误时，会危及行车安全。故必须采用两站间闭塞设备互联的办法，即空间间隔法。

空间间隔法控制两运行列车之间保持一定的距离，一个区间（或闭塞分区）同时只允许一列列车运行，因此能保证安全。它比起时间间隔法来，是一个很大的进步。行车闭塞制式大致经历了：电报或电话闭塞——路签或路牌闭塞（人工闭塞）——半自动闭塞——自动闭塞的发展过程。

闭塞是一种利用信号或凭证，保证列车按照空间间隔安全运行的技术方法。从保证列车安全运行而采取的技术手段的角度来看，通常可分为站间闭塞和自动闭塞两大类。按闭塞方式的不同，闭塞设备主要分为半自动闭塞、自动站间闭塞和自动闭塞。

半自动闭塞以出站信号机的允许信号显示作为发车凭证，发车站的出站信号机（或线路所的通过信号机）必须经两站同意，办理闭塞手续后才能开放，列车进入区间自动关闭；而且在列车未到达接车站以前，向该区间发车用的所有信号机都不得开放，这就保证了两站间的区间内同时只有一列列车运行。继电半自动闭塞在各区间的相接车站都装有半自动闭塞机，是以继电电路的逻辑关系完成区间的闭塞作用的。半自动闭塞区间不设轨道电路，不能监督列车在区间是否遗留车辆，列车的整列到达必须依靠车站值班员的确认，以专用的复原按钮发送到达复原信号之后，区间才能解除闭塞，因此是半自动的。

自动站间闭塞是在半自动闭塞区段，配套计轴设备或长轨道电路，可自动地确认列车的完整到达，使区间闭塞设备自动复原而构成的闭塞设备。自动站间闭塞无须由车站值班员确认列车完整到达，缩短了车站办理闭塞的时间，相应地提高了区间通过能力。自动站间闭塞克服了在没有区间空闲检查设备状况下半自动闭塞区段因区间遗留车辆、车辆溜逸和错误办理事故复原等造成的不安全情况。

自动闭塞是在列车运行中自动完成闭塞作用的。它将一个区间划分为若干闭塞分区，每个闭塞分区的起点装设通过信号机，列车运行时借助车轮与轨道电路接触发生作用，自动控制信号机的显示。这种方式不需要办理闭塞手续，又可开行追踪列车，既保证了行车安全，又提高了运输效率。自动闭塞比其他各种闭塞方式都优越，是先进的闭塞方式。自动闭塞是先进的区间闭塞制式，它对于保证区间行车安全、提高区段通过能力，起着非常显著的作用。我国铁路的自动闭塞将获得大力发展。

1. 站间闭塞

站间闭塞是指两站间只能运行一列列车，其列车的空间间隔为一个站间。按技术手段和闭塞方法又可分为：电话闭塞、路签闭塞、路牌闭塞、半自动闭塞、自动站间闭塞。2014年，《铁路技术管理章程》把电话闭塞作为备用闭塞，路签和路牌闭塞在我国已经淘汰。

1）半自动闭塞

半自动闭塞是指人工办理闭塞手续，列车凭信号显示发车后，出站信号机自动关闭的闭塞方法。其代表性设备——64D型半自动闭塞特征为：

① 站间或所间只准走行一列列车；

② 人工办理闭塞手续；

③ 人工确认列车完整到达和人工恢复闭塞。

2）自动站间闭塞

自动站间闭塞是指在有区间占用检查条件下，自动办理闭塞手续，列车凭信号显示发车后，出站信号机自动关闭的闭塞方法。其特征为：

① 有区间占用检查设备；

② 站间或所间只准走行一列列车；

③ 办理发车进路时，自动办理闭塞手续；

④ 自动确认列车完整到达和自动恢复闭塞。

2. 自动闭塞

自动闭塞是指根据列车运行及有关闭塞分区状态自动变换信号显示，司机凭信号行车的闭塞方法。其特征为：

① 将站间划分为若干闭塞分区，有分区占用检查设备，可以凭通过信号机的显示行车，也可凭机车信号或列车运行控制的车载信号行车；

② 站间能实现列车追踪；

③ 办理发车进路时自动办理闭塞手续，自动变换信号显示。

4.3.2　ZPW-2000A型无绝缘移频自动闭塞

ZPW-2000A型无绝缘移频自动闭塞是在法国UM71无绝缘轨道电路技术引进、国产化的基础上，结合国情进行研发的轨道电路制式。它具有较为完备的轨道电路传输安全性技术及优化的传输系统参数。

ZPW-2000A是我国目前安全性高、传输性能好、具有自主知识产权的一种自动闭塞制式，是机车信号主体化必备的安全基础条件。

ZPW-2000A型自动闭塞设备由发送器、接收器、衰耗器、防雷模拟网络盘、数字电缆、匹配变压器、调谐单元、空芯线圈、补偿电容等组成。

4.4　联锁设备

联锁设备即车站信号设备，用来实现进路道岔、信号机之间的联锁关系，操纵道岔和信号机。联锁设备分为非集中联锁和集中联锁两大类，集中联锁又分继电联锁和计算机联锁。非集中联锁设备已逐渐被淘汰，随着信号技术的不断发展，计算机联锁将逐步取代继电联锁。

4.4.1　联锁的基本概念

1. 联锁的定义

车站内有许多线路，它们用道岔联结着。列车和调车车列在站内运行所经过的线路，称为进路。按各道岔的不同开通方向可以构成不同的进路。列车和调车车列必须依据信号的开放而通过进路，即每条进路必须由相应的信号机来防护。信号、道岔、进路之间的这种相互制约的关系，称为联锁关系，简称联锁。

2. 联锁的基本内容

联锁的基本内容包括：防止建立会导致机车车辆相冲突的进路；必须使列车或调车车列经过的所有道岔均锁闭在与进路开通方向相符合的位置；必须使信号机的显示与所建立的进路相符。

进路上各区段空闲时才能开放信号。如果进路上有车占用，却能开放信号，则会引起列车、调车车列与原停留车冲突。这是绝对不容许的。

进路上有关道岔在规定位置才能开放信号。如果进路上有关道岔开通位置不对却能开放信号，则会引起列车、调车车列进入异线或挤坏道岔。信号开放后，其防护的进路上的有关道岔必须被闭在规定位置，而不能转换。

敌对信号未关闭时，防护该进路的信号机不能开放。否则列车或调车车列可能造成正面冲突。信号开放后，与其敌对的信号也必须被锁闭在关闭状态，不能开放。

3. 联锁设备

控制车站的道岔、进路和信号，并实现它们之间的联锁的设备，称为联锁设备。我国铁路的联锁设备曾大量使用电气联锁，现主要是继电联锁和计算机联锁。

1）继电联锁

用电气的方法集中控制和监督全站的道岔进路和信号机，并实现它们之间联锁的设备称为电气集中联锁设备，简称电气集中；若是用继电器组成的电路来进行控制并实现联锁的设备，称为继电式电气集中联锁，简称继电联锁。

继电联锁采用色灯信号机，道岔由转辙机转换，进路上所有区段均设有轨道电路，在信号楼进行集中控制和监督。

由于继电联锁把全部道岔、进路和信号集中起来控制和监督，在一定程度上实现了站内行车指挥的自动控制，能准确及时地反映现场行车情况，不再需要分散控制时所需要的联系时间，而且完全清除了因联系错误而引起的事故，因此大大提高了行车安全程度和作业效率，并且极大地改善了行车人员的劳动条件。继电联锁具有操作简便、办理迅速、表示完善、安全可靠等一系列优点。

2）计算机联锁

20世纪80年代以来，在大力发展继电联锁的基础上，研制成功计算机联锁。计算机联锁用计算机系统及其程序完成全部联锁逻辑运算，仅保留接口继电器。它的室外设备和继电集中联锁一样，进一步提高了可靠性，扩展了功能，并方便设计、施工、维修和使用。

4.4.2 6502电气集中联锁

电气集中电路曾有过多种制式，但经使用，并几经改进和完善，6502电气集中被认为是较好的定型电路，而得到广泛应用。目前绝大部分电气集中联锁是6502型。

6502电气集中联锁的主要技术特征：

6502电气集中是组合式电路，即按道岔、号机和轨道电路区段为基本单元设计成定型的单元电路，称为继电器组合，简称组合。将各种组合按站场形状拼装起来即成为组合式电路。组合式电气集中具有简化设计、加速施工、工厂预制、便于维修等优点。6502电气集中几乎是用定型组合拼成的，只需设计少量零散电路。6502电气集中采用双按钮选路方式，只需按压两个进路按钮，就能转换道岔、开放信号，而且不论进路中有多少组道岔均能一次转换，简化了操作手续，提高了效率。6502电气集中采用逐段解锁方式，它把进路分为若干段，采用多次分段解锁的方式，即列车或调车车列出清一段解锁一段。

4.4.3 计算机联锁

继电联锁性能较稳定，得到了普遍采用。但其由继电器组成逻辑电路，难于表达和实现复杂的逻辑关系，因而功能不够完善，安全性尚有欠缺，不便于与现代化信息系统联网，经济上没有优势，势必为更高层次的联锁设备——计算机联锁所取代。

计算机联锁用微型计算机和其他一些电子、继电器件组成具有故障—安全性能的实时控制系统。它与继电联锁相比具有十分明显的技术经济优势，无论在安全性、可靠性、经济性等方面都是继电联锁无法比拟的，而且设计、施工、维修和使用大为方便。它是车站联锁设备的发展方向。

1．计算机联锁系统的特点

它与继电联锁相比，主要区别是：

① 利用微型计算机对车站值班员的操作命令和现场监控设备的表示信息进行逻辑运算后，完成对信号机、道岔及进路的联锁和控制，全部联锁关系由微型计算机及其程序完成。

② 微型计算机发出的控制命令和现场发回的表示信息，均能由传输通道串行传输，可节省大量干线电缆，并使采用光缆传输成为可能。

③ 用屏幕显示代替表示盘，大大缩小了体积，丰富了显示内容，简化了结构，方便使用。计算机联锁多采用显示和操纵分开的方式，且多种操作并用，以防操作设备故障造成系统瘫痪。

④ 采用积木式的模块化硬件和软件设计，便于站场变更，并易于实现故障检测分析功能。与继电联锁相比，计算机联锁具有以下优点：进一步提高了安全性、可靠性；增加和完善了联锁功能；方便设计、施工和维护；省工省料，降低造价。

2．计算机联锁系统的功能

计算机联锁系统除完成6502电气集中的全部功能，还可扩展以下功能：

① 具有单钩溜放和连续溜放功能，能满足平面溜放调车作业的需要。

② 选用大屏幕显示器时，屏幕上除能显示电气集中表示盘上的所有表示外，还增加了时间显示、音响信号、语音报警和中文提示。

③ 具有检错、诊断、存储记录功能，故障可被诊断至板级。

3．计算机联锁系统的组成

各种制式的计算机联锁系统其结构有一定差异，但基本原理相同。计算机联锁系统的功能要求与性能要求均比较高，既要求具有友好而准确的人机界面，同时又要求具有高可靠性与高安全性，需要采用上下两层乃至多层的分层结构。计算机联锁系统一般可分为两层，即人机对话层和联锁层，相应地可由人机对话计算机、联锁计算机来承担各层的任务。也可以认为是三层结构，第三层即接口电路，称为执行层。

1）人机对话计算机

人机对话计算机（又称上位机，各种型号的计算机联锁对其称谓不同，分别称为监控机、控显机、操作表示机、人机界面等）接收来自控制台的操作输入，判明能否构成有效的操作命令，并转换成约定的格式，输送给联锁计算机。另外，接收来自联锁计算机的表示信息，将它们转换成控制台能够接受的格式。

2）联锁计算机

联锁计算机（简称联机，又称下位机）接收来自人机对话计算机的操作命令，接收来自人机对话计算机的室外监控对象的状态信息，进行联锁逻辑运算，发出控制道岔转换和开放信号的命令。

3）接口电路

接口电路用来实现对象群与室内联锁机之间的联系。它接收来自联锁机的控制码，经过变换形成控制命令以驱动相应的控制电路。它又接收监控对象的状态信息，经过编码再传送到联锁计算机。保留了电气集中采用的现场设备，以及道岔控制电路、信号点灯电路和轨道电路。系统软件分为人机对话处理、联锁逻辑处理、行表示三个软件包，各软件包之间由专用的系统管理软件沟通。

4.5 列车运行控制系统

机车信号和列车运行超速防护系统都属于列车运行控制系统。列车运行控制系统用来自动控制列车运行，保证行车安全，并以最佳运行速度驾驶列车，即：完成列车之间间隔距离控制和速度控制。随着列车速度和行车密度的不断提高，对列车运行安全的要求越来越严格，对列车运行控制系统的作用更为重要。

4.5.1 系统概述

列车运行控制系统简称列控系统，是保证列车安全快速运行的设备。完整的列车运行控制系统应包括车载设备和地面设备。根据设备配置等级不同，列控车载设备包括：机车信号、列车运行监控记录装置（LKJ），列车超速防护设备（ATP）等。列控地面设备包括：轨道电路、应答器、车站列控中心和无线闭塞中心等。

随着列车速度的提高和密度的加大，要求列车根据运行速度和前行列车位置及线路状态，在必要时对采取制动操作的时机作出逻辑判断，以便对列车运行进行控制。若使用以人控为主的列车自动停车来完成这一任务是困难的，不能满足保证行车安全和提高线路通过能力的要求。列车速度提高到160 km/h时，紧急制动距离为1 400 m；而提高到200 km/h时，紧急制动距离超过2 000 m。司机视觉能力对信号作出判断的最少时间为3～5 s（若遇阴、雪、雾天气，判断更为困难）。当时间内列车走行距离不能小于制动距离时，就构成不安全因素，必须由列车超速防护系统去控制列车运行。

一般采用轨道电路提供前行列车位置的信息，应答器提供线路条件，或者利用无线信道提供所有信息。机车上设有接收器，接收信息后，计算允许的限制速度；车轴上的速度传感器获得列车运行的实际速度；将两速度送入计算机系统进行比较，如实际速度超过限制速度，列车超速防护车上设备就发出制动命令，使列车自动制动。当列车速度降至列车超速防护所指示的速度以下时，便自动缓解，而运行操作仍由司机完成。

列车超速防护系统的功能主要有：停车点防护、超速防护、测速测距。列车制动控制模式分为分级制动模式和一级制动模式。分级制动是以闭塞分区为单元，根据与前行列车的运行距离来调整列车速度，各闭塞分区采用不同的低频频率调制，指示不同的速度等级，在此基础上确定限速值；一级制动是按目标距离制动的。根据距前行列车的距离或距运行前方停车站的距离，由车载计算机根据目标距离、列车参数和线路参数计算出列车制动模式曲线，按制动模式曲线控制列车运行。一级制动模式相比分级制动模式能合理地控制列车运行速度。测速有车载设备自测和系统测量两种方法。车载设备自测有测速发电机、路程脉冲发生器、光电式传感器和霍尔式脉冲转速传感器等方法。系统测量有卫星测速和雷达测速等方法。列车测速需采用两路采样，可对机车车轮空转、蠕滑、死抱等引起的误差进行修正。测距是通过测速与轮径完成的，必须不断地对轮径进行修正。

4.5.2　典型系统介绍

1. 中国列车运行控制系统（CTCS）

中国列车运行控制系统（Chinese Train Control System，CTCS）以分级的形式满足不同线路的运输需求，在不干扰机车乘务员正常驾驶的前提下，有效地保证列车运行安全。

CTCS（简称列控系统）借鉴了欧洲列控系统（ETCS）的成熟技术和国际先进经验，并结合我国铁路运输作业需求、技术政策及信号设备状况，在保证技术进步、可持续发展的前提下，确定了我国列车运行控制系统（CTCS）的技术体系。

目前CTCS已普遍应用于高速铁路、普速铁路及城际轨道交通。

2003年，铁道部组织全路有代表性的信号控制专家组成专家组，参照ETCS欧洲列检标准，研究制定了我国的CTCS发展装备暂行技术标准，即科技运函〔2004〕14号《CTCS技术规范总则（暂行）》规定。

CTCS系统分为CTCS–0级、CTCS–1级、CTCS–2级、CTCS–3级和CTCS–4级5个级别。

CTCS–0级为既有线的现状，是由通用式机车信号和列车运行监控装置组成的系统。

CTCS–1级是由主体化机车信号、安全型列车运行监控装置和点式应答器组成的系统。

CTCS–2级是基于轨道电路和点式应答器传输控车信息，并采用车地一体化设计的列车运行控制系统。

CTCS–3级是基于无线（GSM–R）传输信息，并采用轨道电路等方式检查列车占用的列车运行控制系统。

CTCS–4级则是完全基于无线（GSM–R）传输信息的列车运行控制系统。

CTCS–2级以上设备具备超速防护功能。

我国铁路已在部分提速区段及在时速200～250 km线路区段采用CTCS–2级列控系统，在时速300～350 km线路区段采用CTCS–3级列控系统。

中国的列控系统是沿着自动停车、列车速度监督、超速防护、列车运行控制系统的轨迹发展的，经历了漫长的过程，从点式机车信号发展到连续式机车信号，从轨道电路传输到无线信息传输，从固定闭塞向准移动闭塞发展，从分级速度控制到一次模式曲线连续控制，各个阶段都蕴含了产品的无数次研发、试验和引进。回顾列控系统发展的历程，大致划分为以下三个阶段：

第一阶段：20世纪70年代—20世纪80年代末。为了防止列车尾事故的发生，保证列车安全，我国在20世纪70年代研发了列车自动停车装置。1980年后，大力推广列车自动停车装置成果，并且从ZTL–1发展到n3型，在这个时期，自动停车装置对列车运行安全起到了一定的作用。列车自动停车装置功能简单，应用方便，缺陷是没有与列车运行速度直接联系起来，司机按压报警按钮，解除了自动停车功能，仍然存在冒进信号的可能。

第二阶段：20世纪90年代—20世纪末。1993年铁道部从瑞典ABB公司引进EBICAB-900型列车超速防护系统，1995年在线试验成功，此时已将应答器与连续式机车信号结合，构成点连式列车超速防护系统。20世纪80年代末期开始，我国相继在京广线郑武段、京哈线京秦段引进法国UM无绝缘轨道电路自动闭塞和TVM300超速防护系统，在京哈线秦沈段引进了法国的UM2000轨道电路和TVM430超速防护系统，推动了我国多信息速差式自动闭塞和列车超速防护的发展。1995年以后，“机车信号+列车运行监控记录装置”的结合使用，在运行速度160 km/h以下客货列车上得到了推广和普及，指导司机驾驶、列车运行基本安全防护等方面发挥了重要作用。但在机车信号技术装备水平、控车数据管理的人为因素、司机操作的劳动强度、速度控制的实时性等方面还存在着一定的局限性。

第三阶段：2000年至今。2000年，京沈客运专线的建设为高速客运专线列控系统的建设积累了宝贵经验，铁道部确定以SEI/TVM430系统为核心的信号综合系统方案，并于2003年10月完成系统调试开通。2004年初，铁道部结合我国铁路实际运营需求设备状况和技术政策，确定了《CTCS技术规范总则》及CTCS五个等级的总体技术框架，制定《CTCS-2级列控系统暂行技术条件》。2004年底，我国铁路既有线200～250 km/h区段采用CTCS-2级列控系统，在动车组列车上装备CTCS-2级列控车载设备。2007年4月18日，铁路实施了第6次大提速，中国铁路列车运行控制系统CTCS-2级得以成功运用，这对铁路信号来说是一个重要的里程碑，它标志着铁路信号重要装备水平开始进步。

CTCS-3级列车运行控制系统是中国铁路时速300~350 km客运专线和高速铁路的重要技术装备，是中国铁路技术体系和装备现代化的重要组成部分，是具有自主知识产权，保证高速列车运行安全、可靠、高效的核心技术之一。在CTCS-2级列控系统的基础上，地面增加RBC设备、车载设备，增加GSM-R无线电台和信息接收模块，实现基于GSM-R无线网络的双向信息传输。

2. CTCS-2级列控系统

在我国铁路既有线第六次提速中采用CTCS-2级列控系统，在动车组列车上装备CTCS-2级列控车载设备，在提速至160 km/h线路区段进行CTCS-2级列控设备改造。在大部分运行速度为200～250 km/h的既有线高速铁路也采用CTCS-2级列控系统。

1）CTCS-2级列控系统的结构

CTCS-2级列控系统是基于轨道电路加应答器传输列车运行信息的点连式系统，是采用目标距离模式监控列车安全运行的列车运行控制系统。CTCS-2级列控系统包括列控车载设备和列控地面设备。

列控地面设备由车站列控中心控制，ZPW-2000系列轨道电路、车站电码化设备传输连续列控信息，应答器传输点式列控信息。列控车载设备根据地面提供的动态控制信息、线路静态参数、临时限速信息及有关列车数据，生成控制速度和目标距离模式曲线，控制列车运行。

2）列控地面设备

列控地面设备包括车站列控中心、轨道电路、地面电子单元、应答器等，分为轨旁设备和室内设备两部分。

（1）车站列控中心

车站列控中心是设于各个车站的列控核心安全设备，采用2乘2取2安全冗余结构。主要包括：系统电源、主机、通信接口单元或接口板以及维修终端。对于6502电气集中联锁车站，增加安全输入/输出接口单元或接口板，用于继电器采集和驱动。车站列控中心与车站联锁、TC/TDCS设备接口，根据调度命令、进路状态、线路参数等产生进路及临时限速等相关控车信息，根据列车占用情况及进路状态，通过设置在车站进、出站端的有源应答器向列车发送可变信息报文，具有发送接发车进路信息、临时限速信息以及进站信号机降级显示、进路识别（仅适用于6502电气集中联锁车站）等主要功能。

车站列控中心的通信包括与联锁系统、CTC/TDCS、微机监测系统以及LEU之间的通信，以满足列控中心与上述设备之间的信息交换。与联锁系统、CTC/TDCS、LEU的通信接口是列控中心的主要通信接口，在这些接口上传送的信息都是安全信息。

（2）轨道电路

轨道电路采用ZPW-2000系列轨道电路，完成列车占用检测及列车完整性检查，连续向列车传送行车许可、前方空闲闭塞分区数量、车站进路速度等信息。轨道电路信息中3个信息码（HU、UU和UUS）具有明确的目标速度含义：HU为0 km/h；UU为45 km/h；UUS为80 km/h。为满足列控车载设备运行需要，要求车站正线电码化接车区段和发车区段轨道电路载频必须交叉配置，不能使用同一频率。

（3）地面电子单元（LEU）

LEU具有报文接收、逻辑控制、功率放大功能。与有源应答器连接，LEU周期接收来自于车站列控中心的报文，并连续不断地向有源应答器发送可变信息的报文。LEU设在车站列控中心机柜中。

（4）应答器

应答器是CTCS-2级列控系统中列车与地面信息传输的主要设备之一。随着列车运行速度不断提高，仅依靠轨道电路发送闭塞信息，在信息量方面已经不能满足列车安全高速行驶的要求，须增加应答器向列控车载设备提供大量固定信息和可变信息。应答器由壳体（黄盒子）、电路板、灌封材料构成。

根据应答器所传输报文是否可变，分为固定信息应答器（无源应答器）和可变信息应答器（有源应答器）。无源应答器设于闭塞分区入口和车站进、出口处，用于向列控车载设备发送固定不变的数据，如闭塞分区长度、线路最大允许速度、线路坡度、列控等级切换、列车定位等信息。有源应答器设置于车站进、出口处，向列车提供接车进路参数、临时限速、道岔信息等。

每个无源应答器预先固定写入报文，列车经过该应答器时，固定发送预先设定的报文。有源应答器通过专用的应答器电缆与LEU连接，根据LEU设备所发送的报文，变化地向列车传送应答器报文信息。应答器具有的功能包括：接收电能信号，探测解调远程能量信号；产生上行链路信号，通过接口向列控车载设备传送报文选择启动方式，确定是发送自身存储的报文还是发送接口来的报文；串音防护；管理操作/编程模式；接收来自接口的数据；控制I/O接口特性；产生“列车通过”信号。

应答器以报文的形式发送信息，因此需要定义报文的格式和所代表的含义。我国列控系统中，应答器报文采用欧洲标准。每条应答器报文都是由一个50位的报文头、若干信息包以及一个8位的结束包构成的，计830位，每个信息包都具有各自的格式和定义。为了保证传输的安全性和可靠性，要按照欧洲标准对其进行加扰编码，形成1 023位的传输报文。应答器、LEU列控中心中储存、传输的都是1 023位的传输报文。每个应答器（组）都有一个编号，该编号在全国铁路范围内是唯一的。在每一条报文的头中，都要包含该应答器（组）的编号以及每个应答器在组中的位置；在链接信息包中，要提供所链接的应答器的编号。每个应答器（组）的编号由大区编号、分区编号、车站编号、应答器单元编号共同构成。应答器编号表示为：大区编号-分区编号-车站编号-应答器单元编号（应答器组内编号）。

3）列控车载设备

（1）列控车载设备的功能

列控车载设备的功能有：接收与处理轨道电路信息、接收与处理应答器信息、测速测距、超速防护，选择两种车载工作方式，进行CTCS间切换，防溜与LKJ接口、与动态监测设备接口、与动车组接口，机车信号载频锁定，与乘务员进行信息交互、数据记录等。

（2）列控车载设备的组成

列控车载设备由车载安全计算机（VC）、轨道电路信息接收模块（STM）、应答信息接收模块（BTM）、人机界面（DM）、速度传感器、列车接口单元（TIU）、运行记录单元（DRU）、轨道电路信息接收天线、应答器信息接收天线等部件组成。车载安全计算机根据地面连续式和点式设备传输的控车信息、线路数据以及车辆参数，生成连续式速度监控曲线，监控列车安全运行轨道。电路信息接收模块用于接收ZPW-2000（M）系列轨道电路的信息，对信号进行选择和解调，并将信息同时提供给车载安全计算机和列车运行监控装置（LKJ）。轨道电路信息接收天线在列车运行头部的第一轴前，利用电磁感应原理接收流经钢轨的信号电流，传送到STM主机上。应答器信息接收模块用于接收处理应答器信息，并将解码得到的应答器报文提供给车载安全计算机。人机界面显示列车运行速度、允许速度、目标速度和目标距离，并可接收司机输入。速度传感器安装在动车组两端车头的第二轴和第三轴上，将各轴的转速转变为电信号后加以输出。该信号的频率和列车速度成比例，传递给车载设备的VC，VC通过对该频率的计数来获得速度和距离。列车接口单元接收来自两套安全计算机的输出指令，比较这两个制动指令，进行“或”操作后，作为系统的最终输出。运行记录单元获取列控车载设备的动作、状态、司机的操作等各种I/O信息，采集各节点的状态，可将行车及列控车载设备自身运行状况和节点的状态等关键数据记录到PCMCIA卡上，并可通过读卡器将数据下载至地面用于分析管理的微型计算机，维护人员根据下载读取记录卡的信息获取列车的运行信息，进行设备运行状况分析。列控车载设备与车体NFB盘、司机操作手柄、LKJ、车体制动控制单元、车载MON监视器相连接。

（3）列控车载设备的特点

列控车载设备的特点包括：采用目标距离模式曲线控制方式；具有兼容性；具有自我诊断能力；具有实时性；可靠性、安全性高；具有可维护性。

4）CTCS-2级列控系统的基本工作原理

（1）目标距离速度控制

目标距离速度控制模式根据目标距离、目标速度及列车本身的性能，确定列车制动曲线，采取连续式一次制动模式控制列车运行。列车实际运行速度必须在监控曲线表示的速度之下。如果超速达到了速度监控曲线，列控车载设备将自动触发常用制动或紧急制动，防止列车超速运行。

为计算得到速度监控曲线，由轨道电路发送行车许可和前方空闲闭塞分区数量信息，并由应答器发送闭塞分区长度、线路速度、线路坡度等固定信息，列控车载设备接收上述信息，通过“前方空闲闭塞分区数量”和“闭塞分区长度”信息，获得目标距离长度。结合线路速度、线路坡度和对应列车的制动性能等固定参数，实时计算得到速度监控曲线。监控实际驾驶曲线处于速度监控曲线下方，以保证列车安全运行。

（2）CTCS–2级与CTCS–0级的切换

动车组同时装备列控车载设备和列车运行监控装置（LKJ）。在160 km/h以上区段，地面设备按照CTCS–2级列控系统要求进行改造，由列控车载设备控车；在160 km/h及以下区段，地面设备保持现有配置，由LKJ控车。列车在线路上运行时，需要自动地完成CTCS–0级至CTCS–2级或相反过程的控车等级的切换，中途不需要列车停车。

为完成上述功能，在地面CTCS–2和CTCS–0级区段边界增设特殊用途的CTCS级间切换应答器。级间切换点一般选择在车站离去区段区间信号机（点）处，级间切换点设三组固定信息应答器，分别是正向预告点应答器、切换执行点应答器和反向预告点应答器，预告点与执行点通常距离240 m。

级间切换应答器根据功能分别写有切换预告信息和执行信息：当列车通过预告点应答器时，列控车载设备接收到级间切换预告信息，提示列车司机准备开始切换；当列车越过切换执行点应答器后，开始执行切换动作。预告点和执行点应答器信息互为冗余，只要一组应答器工作正常，就可以向列控车载设备提供完整的级间切换信息。

为保证控车权可靠平稳交接，控车权的交接以列控车载设备为主。级间切换时若列车已触发制动，则保持制动作用完成，直至停车或列车发出缓解指令后，再自动切换。如果自动切换失败，或其他特殊情况下，司机可以根据列控车载设备指示，手动进行级间切换。

4.6　ATC系统

城市轨道交通系统列车运行自动控制系统（ATC）包括：列车自动防护（ATP）、列车自动运行（ATO）及列车自动监控（ATS）三个子系统，简称“3A”。为确保行车安全和线路最大通过能力，一般最大通过能力小于30对/h的线路宜采用ATS和ATP系统，实现行车指挥自动化及列车超速防护。在最大通过能力较低的线路，行车指挥可采用以调度员人工控制为主的CTC系统。最大通过能力大于30对/h的线路，应采用完整的ATC系统，实现行车指挥和列车运行自动化。ATO系统对节能、规范运行秩序、实现运行调整、提高运行效率等具有重要的作用，但不同的信号系统设或不设ATO会使运营费用差异较大，不过即使是通过能力为30对/h的线路，有条件时也可选用ATO系统。

系统须设置行车控制中心，沿线各车站设计为区域性联锁，其设备放在控制站（一般为有岔站），列车上安装有车载控制设备。控制中心与控制站通过有线数据通信网连接，控制中心与列车之间可采用无线通信进行信息交换。ATC系统直接与列车运行有关，因此ATC系统中的数据传输要求比一般通信系统的安全性、可靠性、实时性更好。

列车自动控制（ATC）系统是城市轨道交通信号系统的最重要的组成部分，它实现行车指挥和列车运行自动化，能最大限度地保证列车运行安全，提高运输效率，减轻运营人员的劳动强度，发挥城市轨道交通的通过能力。ATC系统的技术含量高，运用了许多当代重要的科技成果。

4.6.1 ATC系统综述

1. ATC系统的功能

ATC系统包括5个原理功能：ATS功能、联锁功能、列车检测功能、ATP功能和PTI（列车识别）功能。

ATS功能。可自动或由人工控制线路，并向行车调度员和外部系统提供信息。ATS功能由位于控制中心内的设备实现。

联锁功能。响应来自ATS功能的命令，在随时满足安全准则的前提下，控制进路、道岔和信号，将进路、轨道电路、道岔和信号的状态信息提供给ATS和ATC。联锁功能由分布在轨旁的设备来实现。

列车检测功能一般由轨道电路完成。

ATP功能在联锁功能的约束下，根据ATS的要求实现对列车运行的控制。ATP功能有三个（称为ATP子功能）：ATP/ATO轨旁功能、ATP/ATO传输功能和ATP/ATO车载功能。ATP/ATO轨旁功能负责列车间隔和报文生成。ATP/ATO传输功能负责生成感应信号，它包括报文和ATC车载设备所需的其他数据。ATP/ATO车载功能负责列车的安全运营、列车自动驾驶，并给信号系统和司机提供接口。

PTI功能是通过多种渠道传输和接收各种数据，在特定的位置传给ATS，向ATS报告列车的识别信息、目的号码、乘务组号和列车位置数据，以优化列车运行。

2. 闭塞及其实现

城市轨道交通列车间隔控制（即闭塞）均由列车运行自动完成。由于采用了ATC系统，各个轨道电路区段（即闭塞分区）均不设通过信号机，而由车载ATP系统予以显示。

没有铁路那样专用的闭塞设备的概念，闭塞作用由ATP系完成。

按照闭塞实现的方式、城市轨道交通的闭塞也可分为固定闭塞、准移动闭塞和移动闭塞。ATC系统可以实现较大的通过能力，对于客运量变化具有较强的适应性，可以提高线路利用率，具有高效、节能等特点，并且控制模式与列车运行特性相近，能较好地适应不同列车的技术状态，其技术水平较高，具有较大的发展前景。虽然固定闭塞式ATC系统技术水平相对较低，但由于可满足2 min通过能力的行车要求，且价格相对低廉，也宜选用。根据实际情况，因地制宜选择3种不同制式的ATC系统是完全必要的。

1）固定闭塞

固定闭塞将线路划分为固定的区段，不论前、后列车的位置，还是前、后列车的距离都是用固定的地面设备（如轨道电路等）检测和表示的。线路条件和列车参数等均须在闭塞设计过程中加以考虑，并体现在地面固定区段的划分中。

由于列车定位是以固定区段为单位的（系统只知道列车在哪个区段中，而不知在区段中的具体位置），所以固定闭塞的速度控制模式必然是台阶式的。在这种制式中，需要向被控列车“安全”传送的只是代表少数几个速度的速度码。

固定闭塞方式通过轨道电路判别闭塞分区占用情况，并传输信息码，需要大量的轨旁设备，维护工作量较大，存在较多缺点，并无法满足提高系统能力、安全性和互用性的要求。

2）准移动闭塞

准移动闭塞（也可称为半固定闭塞）是介于固定闭塞和移动闭塞之间的一种方式，它对前、后列车的定位方式是不同的。前行列车的定位仍沿用固定闭塞的方式，而后续列车的定位则采用连续的或称为移动的方式。准移动闭塞可理解为“预先设定列车的安全追踪间隔距离，根据前方目标状态设定列车的可行车距离和运行速度、介于固定闭塞和移动闭塞之间的一种闭塞方式”。

由于准移动闭塞同时采用移动和固定两种定位方式，所以若前行列车不动而后续列车前进时，其最大允许速度是连续变化的；而当前行列车前进，其尾部驶过固定区段的分界点时，后续列车的最大速度将按“台阶”跳跃上升。准移动闭塞在控制列车的安全间隔上比固定闭塞进了一步。它通过报文式轨道电路辅之环线或应答器来判断分区占用并传输信息，信息量大。可以告知后续列车继续前行的距离，后续列车可根据这一距离合理地采取减速或制动，列车制动的起点可延伸至保证其安全制动的地点，从而可改善列车速度控制，缩小列车安全间隔，提高线路利用效率。但准移动闭塞中后续列车的最大目标制动点仍必须在先行列车占用分区的外方，因此它并没有完全突破轨道电路区段的限制。

3）移动闭塞

移动闭塞是一种新型的闭塞制式，它克服了固定闭塞的缺点，不设固定闭塞区段，前、后两列车都采用移动式的定位方式。移动闭塞可解释为“列车安全追踪间隔距离不预先设定，而随列车的移动不断移动并变化的闭塞方式”。

早期的移动闭塞系统采用基于感应环线的技术，即通过在轨间布置感应环线来定位列车和实现车载计算机与控制中心之间的连续通信。武汉轻轨一期和广州地铁3号线相继采用基于环线的移动闭塞技术。大多数先进的移动闭塞系统已采用无线通信系统实现各子系统间的通信，构成基于无线通信技术的移动闭塞。

4.6.2 ATC子系统

1. ATP子系统

ATP子系统的功能是对列车运行进行超速防护，对与安全有关的设备实行控制，实现列车位置检测，保证列车间的安全间隔，保证列车在安全速度下运行，完成信号显示、故障报警、降级提示、列车参数和线路参数的输入，与ATS、ATO及车辆系统接口并进行信息交换。

ATP子系统不断将来自联锁设备和操作层面上的信息、线路信息、前方目标点的距离和允许速度信息等从地面通过轨道电路等传至车上，从而由车载设备计算得到当前所允许的速度，或由控制中心计算出目标速度传至车上，由车载设备测得实际运行速度，依此来对列车速度实行监督，使之始终在安全速度下运行，以缩短列车运行间隔，保证行车安全。采用轨道电路传送ATP信息时，ATP子系统由设于控制站的轨旁单元、设于线路上各轨道电路分界点的调谐单元和车载ATP设备，及与ATS、ATO、联锁设备的接口设备组成。

2. ATO子系统

ATO子系统主要用于实现“地对车控制”，即用地面信息实现对列车驱动和制动的控制，包括列车自动折返，根据控制中心的指令使列车按最佳工况正点、安全、平稳地运行，自动完成对列车的启动、牵引、惰行和制动，出车门和屏蔽门同步开关信号。

使用ATO后，可使列车经常处于最佳运行状态，高质量地自动驾驶，提高列车运行效率，避免了不必要的、过于剧烈的加速和减速，因此明显提高了旅客的舒适度，提高列车正点率及能量消耗，减少轮轨磨损。

ATO子系统包括车载ATO单元和地面设备两部分。地面设备有站台电缆环路、车地通信设备以及和ATP、联锁系统的接口设备。

ATO还装有一个双向的通信系统，使列车能够直接与车站内的ATS系统接口，保证实现最佳的运行图控制。

3. ATS子系统

ATS子系统主要实现对列车运行的监督和控制，辅助调度人员对全线列车进行管理，其功能包括：调度区段内列车运行情况的集中监视与控制，监测进路控制列车间隔控制设备的工作，按行车计划自动控制轨旁信号设备以接发列车，列车运行实迹的自动记录，时刻表自动生成、显示、修改和优化，运行数据统计及报表自动生成，设备运行状态监测，设备状态及调度员操作记录，运输计划管理等，还具有列车车次号自动传递等功能。ATS工作方式为集中管理、分散控制。

ATS子系统包括控制中心设备和ATS车站、车辆段分机。此外，在ATC范围内的各正线控制站各设一套联锁设备，正线有岔站原则上独立设置联锁设备，当然也可以采用区域控制方法。

第 5 章　轨道交通运输组织

无论是城市内的城市轨道交通运输，还是城际间的铁路运输，其全天候运行、运输量大、节能环保的特点，使其成为被很多国家和地区所推崇的运输方式。前面的章节介绍了轨道交通施工、建设，机车、车辆的发展以及轨道交通所使用的信号装置等，运输组织相当于使前面所介绍的交通运输相关设备具有“灵魂”地工作。本章将从铁路运输组织和城市轨道交通运营组织两方面介绍轨道交通运输组织相关问题。

5.1　铁路运输组织

5.1.1　铁路运输组织概述

1. 铁路运输特点

铁路是一种适宜于中、长距离大宗客、货运输的重要运输方式。以我国为例，我国领土面积约为960万平方千米，地域面积广阔；14亿人口数量居于世界第一；经济发展东西存在差异。铁路运输无论在目前乃至可预见的未来，都是我国运输网络中的骨干力量。我国早在“十五”期间就确定了以铁路为骨干、公路为基础，充分发挥水运资源的作用，积极发展航空运输，适当发展管道运输，建设全国统一的综合交通运输体系。

铁路运输成为我国交通运输中的骨干力量，主要是因为铁路运输具有巨大的运输能力；运输成本低；受气候、季节等环境因素影响小，基本可保证经常性和持续性；计划性强，运输能力可靠、安全，准时性强；收益随运量增加而增长。但铁路运输也存在一定的缺点，包括初期建设投资大，建设周期长；受轨道线路限制，灵活性差；直接“门到门”运输量小，需要其他运输方式帮助进行集散；始发与终到作业时间长，不利于短距离运输；运输中固定成本所占比例大；一旦停止运营，不易转让或回收，损失较大。

2. 铁路运输技术经济指标

铁路运输方式存在各种优和缺点，运用铁路运输方式时应该发扬优点，克服缺点，使铁路运输发挥最大化的效能。在衡量铁路运输的适用条件时，可以用一定的技术经济指标衡量。这些技术经济指标主要包括：

1）运送速度

运送速度是指货物或旅客在运送时间内的平均速度，用以表示客、货运送的快慢。一般求解方法是用起终点之间的距离除以自起点至终点到达时刻所经历的时间（不包括起终点的装卸作业、上下旅客的时间，但包括途中的各类停歇时间）。

2）技术速度

技术速度是指交通工具在区间内的平均行驶速度。用以反映交通工具的技术性能，既取决于各交通工具的动力性，也受到各交通工具的通过性、机动性、行驶安全性等使用性能的影响，并且与驾驶员素质、交通道路等使用条件密切相关。

运用某种运输方式寻求的是这种运输方式利用效率尽量高，运输工具的周转速度尽量快，所使用的运输设备数量尽量少。铁路运输的技术速度较高，但由于铁路运输中，存在一定的列车会让或者越行，以及解体、编组等技术作业，所以铁路运送速度相较于其他运输方式并不占优势。

3）运输成本

运输成本是运输业的一个综合指标，它反映运输过程中物化劳动和部分活劳动的消耗。运输生产过程中，采用先进的技术设备、合理的组织管理工作、技术作业过程和劳动方法，都可以获得较高的劳动生产率和工具、设备利用率，节约燃料和材料，从而达到较低的运输成本，节约国民经济的运输费用。

4）基本建设投资

各种运输方式投资的大小，取决于它们的物质技术基础的构成和性质。各种运输方式的物质技术基础的构成各有其特点，从而形成初期投资和后期投资的差异。一般来说，固定设施（如线路和港、站建筑）比重大，载运工具比重小的运输方式，所需的初期投资大，而后期投资小；反之亦然。铁路运输，由于固定设施的工程费用高和建设材料、劳动力消耗比重大，因此，它的初期投资大。

5）劳动生产率

劳动生产率因其载运工具的载重量和运输能力不同有着显著的差异。一般单次运输中载运工具的装载重量和运输能力越大，其劳动生产率越大。

6）其他指标

基于运输能力、运输经常性与灵活性而言，各种运输方式差别很大。铁路运输具有较高的“通过能力”，能够负担大运量运输任务，成本低，质量好，运输的“经常性”最强，“灵活性”较公路运输差。

3. 铁路运输组织

铁路运输组织是为安排、组织铁路运输生产所进行的各种工作的总称，也称为“铁路运营”；其包括货物运输组织、旅客运输组织和行车组织等3个方面。铁路运输组织实质是铁路运输企业对运输资源科学合理配置、组织、运用，尽可能获得最大运输效益（包括社会效益和经济效益）的过程，而获得最大运输效益应该是在保证运输安全的前提下进行的。那么，正确处理铁路运输安全与运输效益之间的关系，在保证安全的前提下提高运输效益，是铁路运输组织的基本原则。

在铁路运输中，运输安全是铁路运输组织的前提和保证。科学合理地组织铁路运输过程，必须以运输安全为出发点和落脚点。目前，由于高新技术在铁路运输业中的广泛应用，在载运工具大型化、高速化、自动化的同时，也面临着运行环境骤变、人员操作失误、设备临时故障等高风险。铁路运输组织必须在建立严格、详细的规章制度基础上，采用先进的安全防护、检测、监控、报警等安全保障技术，强化运输组织及其他劳动作业人员安全意识，变被动安全为主动安全；同时提升操作人员的业务能力，提高其对应急事件的处理能力。

运输效益是铁路运输组织的目标和要求，是一定条件下基础设施、载运设备和人力资源条件等的多目标综合优化问题。铁路运输组织工作在基础设施方面，主要是进行线路、车站、仓库货位和装卸机械等设备配置与运输技术作业流程的组织管理工作；在载运设备方面，包括处理车辆配载问题以及特殊货物运输条件确定和安全运输问题；在运输网络运用和管理方面，有车流组织调整和动态监控，确保能安全、畅通、高效、有序地工作；在运输企业生产和经营方面，有运输市场调查、客货流组织以及运输产品设计的工作，运输设备综合运用和运输生产过程优化组织的问题，用户效益、企业效益和社会效益综合优化的问题。这些都是铁路运输组织所要面临和应对解决的问题。随着铁路运输需求的不断增长，从铁路运输组织的角度，即铁路运输资源合理配置和利用的角度，需要对铁路运输设备选择配置及其运输能力的加强和发展提出运营上的要求，科学合理地规划铁路基础设施、载运工具和运输管理系统的布局和建设，实现铁路运输资源的动态合理配置，也是铁路运输组织所要研究和解决的重要理论和技术问题。

铁路运输组织作为社会组织管理职能之一，包括两个层面，即宏观层面和微观层面。

在宏观层面中，铁路运输组织属于综合交通运输系统中的一个环节。交通运输系统是由多种运输方式构成的，一个完整的运输过程可能需要多种交通运输方式配合完成，需要从综合枢纽、信息系统和规章制度3个方面支撑构建更高形式的运输组织模式，这种运输组织模式不仅需要综合枢纽的基础设施无缝衔接，解决不同运输方式间的旅客换乘，货物装载和中转运输的技术问题，而且需要信息系统的开放互联，解决不同运输环节和不同运输方式间的信息畅通和资源共享问题，尤其需要克服不同运输方式间管理体制、规章制度的各种壁垒和障碍，建立统一的技术、组织和制度保证。铁路运输组织的有效进行是综合交通运输系统正常运行的保障之一。此外，铁路运输作为公共交通运输方式之一，具有生产企业性和社会公益性双重特征，政府要规范运输市场，保证公众享受铁路运输服务的基本权益，要制定合理的铁路运输政策，对铁路运输企业实施监管。政策和监管是铁路运输组织工作的前提和环境，又把铁路运输组织纳入到更大的社会管理范畴。

在微观层次，铁路运输组织属于企业生产和管理的范畴，从铁路运输企业系统整体优化的目标出发，以生产过程组织管理的最优化，实现资源投入的最小化和产品利润的最大化。

作为铁路运输组织工作来说，不仅要处理好自身企业效益与成本问题，同时应该秉承着社会公益性原则，实现企业与社会双赢的效果。我国铁路运输企业，以国有资本投入为主，在运输组织过程中更应将社会公益性与企业效益良好地结合，达到兼顾社会职能和企业职能的双重挑战。

5.1.2 铁路车站

车站是铁路运输最重要的组成部分。它集中了和运输有关的各种技术设备，并参与整个铁路运输过程的各个作业环节。铁路车站的选址要考虑人们对运输的需要，也要考虑铁路运营效益的需要。

1. 铁路车站定义和作用

车站是陆路交通运输线上设置的停车地点，是用来上下乘客或装卸货物的场所。铁路车站的作用是办理客货运输各项作业，还进行机车的换挂、整备以及车辆的检查、修理等作业；同时还进行列车的接发、会让、越行和车列的解体和编组作业。铁路车站不仅是铁路内部各项作业的汇合点，也是提高铁路运输效率和运输安全的保证。

2. 铁路车站分类

1）按业务性质分类

铁路车站按业务性质可分为客运站、货运站、客货运站和不办理客、货运业务的车站。

客运站是专门办理售票、行李与包裹运送、旅客乘降等客运业务和旅客列车的始发、终到、技术检查等行车工作以及客车整备等作业的车站。

货运站是专门办理货物承运、交付、中转、装卸和货物列车到发、车辆取送，以及货物联运、换装等作业的车站。

客货运站是既办理客运业务又办理货运业务的车站。

此外，铁路还有一部分既不办理客运业务，也不办理货运业务的车站，这些车站专门为铁路列车会让和越行而设立，称为会让站（单线）和越行站（双线）。

2）按技术作业性质分类

铁路车站按技术作业性质可分为中间站、区段站和编组站。

中间站是为沿线城乡人民及工农业生产服务，提高铁路区段通过能力，保证行车安全而设的车站。中间站一般设在技术站之间的区段内或在支线上，主要办理列车的接发、会让和越行、摘挂列车的调车作业以及客货运业务。有些中间站还办理市郊列车的折返和列车的始发和终到作业。

区段站设在列车牵引区段的分界处，它的主要工作是办理货物列车的中转作业，进行机车的更换或机车乘务组的换班以及解体、编组区段列车和摘挂列车。

编组站通常设在有大量车流集中或消失的地点，或几条铁路线的交叉点，它的主要工作是改编车流，即大量解体和编组各种货物列车。

3）按所承担的任务量及在路网中的地位分类

铁路车站按所承担的任务量及在路网中的地位可分为特等站、一等站、二等站、三等站、四等站和五等站6个等级。核定车站等级应依据《全国铁路车站等级核定办法》相关规定进行确定。《全国铁路车站等级核定办法》内容如表5.1所示。

表5.1　《全国铁路车站等级核定办法》内容表

条件依据	车站等级	核定标准
根据《技规》规定划分的、办理客运或货运、货物列车解编技术作业单项业务为主的客运站或货运站、编组站	具备右侧三项条件之一者为特等站	日均上下车及换乘旅客在 60 000 人以上，并办理到发、中转行包在 20 000 件以上的客运站
		日均装卸车在 750 辆以上的货运站
		日均办理有调作业车在 6 500 辆以上的编组站
	具备右侧三项条件之一者为一等站	日均上下车及换乘旅客在 15 000 人以上，并办理到发、中转行包在 1 500 件以上的客运站
		日均装卸车在 350 辆以上的货运站
		日均办理有调作业车在 3 000 辆以上的编组站
	具备右侧三项条件之一者为二等站	日均上下车及换乘旅客在 5 000 人以上，并办理到发、中转行包在 500 件以上的客运站
		日均装卸车在 200 辆以上的货运站
		日均办理有调作业车在 1 500 辆以上的编组站
根据《技规》规定划分的、办理客运、货运业务并担当货物列车解编技术作业的综合业务的车站	具备右侧三项条件中两项者为特等站	日均上下车及换乘旅客 20 000 人以上，并办理到发及中转行包在 2 500 件以上
		日均装卸车在 400 辆以上
		日均办理有调作业车在 4 500 辆以上的
	具备右侧三项条件中两项者为一等站	日均上下车及换乘旅客在 8 000 人以上，并办理到发、中转行包在 500 件以上
		日均装卸车在 200 辆以上
		日均办理有调作业车在 2 000 辆以上
	具备右侧三项条件中两项者为二等站	日均上下车及换乘旅客在 4 000 人以上，并办理到发、中转行包在 300 件以上
		日均装卸车在 100 辆以上
		日均办理有调作业车在 1 000 辆以上
	具备右侧三项条件中两项者为三等站	日均上下车及换乘旅客在 2 000 人以上，并办理到发、中转行包在 100 件以上
		日均装卸车在 50 辆以上
		日均办理有调作业车在 500 辆以上
其他	办理综合业务，但按核定条件，不具备三等站条件者为四等站	—
	只办理列车会让、越行的会让站与越行站，均为五等站	—

一般特等站的站等由各铁路局集团公司提出核定意见，由铁路总公司审批。一等及以下车站的站等由各铁路局集团公司核定并审批。特等站、一等站和车务段平级，不受车务段管辖。

3. 铁路车站组成

根据运输对象的运输需求差异，铁路客运站和货运站的车站组成设备也有所差别。

铁路客运站主要由站房、站场和站前广场组成。站房是客运站的主体，包括为旅客服务的各种用房（集散厅、售票厅、候车厅、行包房及旅客服务设施等）、技术办公用房（运转室、站长室、公安室等）以及职工生活用房等。站场是办理客运技术作业的地方，包括线路（到发线、机车走行线、车辆停留线等）、站台、雨棚、跨线设备等。车站广场是客运站与城市的结合部，包括站房平台、旅客车站专用场地、旅客活动地带、人行通道、车行道和公交站点、绿化与景观用地等。

铁路货运站主要由运转设备、货运设备和其他设备组成。运转设备包括到发线、调车线、牵出线等。货运设备包括货场配线、场库设备、装卸设备、取送货物的道路及停车场、给排水设备和消防设备等。其他设备还可根据作业需要设置旅客站台、机车整备设备、车辆检修设备、集装箱及托盘的维修保养设备、货车消毒洗刷设备、篷布维修设备、货物检斤和量载设备等。

根据铁路车站技术作业差别，铁路中间站、区段站和编组站组成设备也有所差异。

中间站主要由客运设备、货运设备、站内线路和信号及通信设备组成。客运设备包括客运站房（售票室、候车室、行包房等）、旅客站房、雨棚和跨越设备等。货运设备包括货物仓库、货物站台和货运室、装卸机械等。站线线路包括到发线、牵出线和货物线等。信号及通信设备包括信号机、信号表示器、站内电话、对讲机械、广播及扩音设施等。

区段站主要由客运设备、货运设备、运转设备、机务设备、车辆设备以及信号、通信、照明、办公房舍等设备组成。区段站与中间站相比，不仅作业内容比中间站复杂，作业量比中间站大，而且设备也远比中间站复杂与齐全。

编组站主要由调车设备、行车设备、机务设备、车辆设备以及信号、联锁、闭塞、通信和照明设备等组成，根据需要有时也设有客运设备、货运设备等。调车设备包括调车驼峰、调车场、牵出线、辅助调车场等几部分，用以办理列车的解体和编组作业。调车设备是编组站的核心设备，与其他性质车站比较，在数量上和技术装备上都更大且更为完善。编组站行车设备即为接发货物列车的到发线，用以办理货物列车的到达和出发作业。编组站的机务段规模较大，供本务机车和调车机车办理检修和整备作业。编组站的车辆设备包括列检所、站修所和车辆段。

4. 铁路站内线路分类

铁路站内线路按照用途和归属一般分为正线、站线、段管线、岔线及特别用途线。

正线是指连接车站并贯穿或直股伸入车站的线路。正线可分为区间正线及站内正线，连接车站的部分为区间正线，贯穿或直股伸入车站的部分为站线。

站线包括用以接发旅客列车或货物列车使用的到发线；用以解体或编组货物列车使用的调车线和牵出线；用以办理装卸作业的货物线；用以办理其他各种业务的线路，如机走线、存车线、站修线等。车站正线及站线由车站负责管理；机车车辆由区间、段管线、岔线等地点进入站内正线或站线时，都应经过车站允许。

段管线是指机务、车辆、工务、电务、供电等段专用并由其管理的线路，如机务段内机车整备线、三角线；车辆段内车辆检修作业用的线路以及工务、电务段内停留轨道车及其他车辆的线路。

岔线是指在区间或站内接轨，通向路内外单位的专用线路。

特别用途线是指为保证行车安全而设置的安全线和避难线。

5.1.3　铁路货运组织

1. 铁路货运组织的任务

① 在争取执行国家运输政策的前提下，加强货源货流组织，充分、合理地利用铁路运输能力。为此，要根据货物的运量、品种、运距、急缓等不同情况，通过科学的计划组合，使货物运输计划与列车编组计划、列车运行图、运输工作技术计划、车站作业计划及运输方案形成统一的有机整体。

② 充分利用现有货运设备，并不断改进和采用先进货运设备和技术。要增加货物及专用线管理，提高货场作业能力，改进货物运输全过程的作业组织，加速车辆周转，提高运输效率。

③ 提高职工的安全意识，确保运输安全和货物的完整。实施作业标准化和运输过程的全面质量管理。做好货运事故的分析和处理，制定防止货物事故发生的有效措施。

④ 铁路运输具有多工种协同作业的联动性，运输的货物性质具有很大的差异性，货物的运到期限又具有确定性。因此，要严格执行铁路货物运输的有关规章制度，提高职工的全局观念和技术业务素质，不断总结先进工作经验，研究新的工作方法。

2. 铁路货物运输种类

铁路货物运输中所运输货物的种类、形态、体积、重量等差异较大，有些货物可以装满一列车或装满一辆车，而有些货物连一辆车也装不满，而还有些货物为了中途换装方便，会采用集装箱运输，所以铁路运输的货物按照运输组织方式可以分为整车、零担和集装箱三种运输种类。

1）整车货物运输

一批货物的质量、体积、形状和性质需要一辆或一辆以上的货车装运的货物，铁路规定应按整车方式办理运输。一批货物无论是总重或总体积能装满一辆货车标记载重或容积，都应该按照整车办理；一件货物形状不适合进入棚车或者敞车与其他货物拼装，或货物的性质决定，有特殊运输要求或者不能清点件数的货物也应按整车办理。

整车货物运输是铁路货物运输的主要办理形式。铁路整车货物运输的特点是绝大部分为大宗货物（如煤炭、矿石、石油、建筑材料、木材、粮食等），而大宗货物的装卸作业多集中在专用线和专用铁路上办理。

2）零担货物运输

一批货物的重量、体积、形状和性质不需要单独使用一辆货车装运则可按零担方式办理运输。零担货物运输在组织、管理、装卸作业等环节上，相对于整车作业比较复杂，因此还要受到其他一些运输条件的限制。

零担货物主要是农副土特产品、农业机械、化肥、农药、轻工业品、日用百货以及个人物品等。一般质量小、品类繁杂、性质复杂、批数多、包装条件不一、发到站分散，必须组织几十批甚至几百批货物配装于一辆货车内进行运输，因而铁路部门要投入比整车运输更多的人力和物力。虽然零担运输对铁路来说投入大，且运量较整车运量少，但它对促进工农业生产、扩大城乡物资交流、满足人民物质和文化生活的需要具有重要的意义。所以，铁路也应做好零担运输组织工作。

3）集装箱货物运输

符合集装箱运输条件的适箱货物，铁路规定可采用集装箱装载进行运输。集装箱一般运输贵重、怕湿、易损、需要防盗的货物。集装箱运输是一种先进的运输组织形式，它具有保证货物安全、简化并节约包装，提高装卸效率，加速车辆周转，便于组织“门到门”运输和各种运输方式联运等优点，是传统货物运输形式不可比拟的。因此，中国铁路正在加快集装箱运输的发展速度。

3．铁路货物运输基本作业

铁路货物运输的基本作业包括发送作业、途中作业和到达作业。发送作业主要包括托运、受理、进货、验收、制票、承运、装车等环节；途中作业主要包括货物的交接、检查，整理换装，运输变更，整车分卸及运输障碍处理等；到达作业主要包括重车和货运票据的交接，货物的卸车、保管、交付以及运杂费的最后结算等。

1）发送作业

整车货物发送简要作业步骤和内容包括：①托运，托运人向车站货运室提交货物运单；②受理，车站货运室根据批准的要车计划核对运单填写是否正确，若认为可以承运，给予签证并指定货物搬入日期和地点；③进货和验收，托运人将货物搬入车站，货运员按运单验收货物；④保管，货物在装车前的保管；⑤装车，货物的装车，对需要施封的货车进行施封；⑥制票和承运，核算制票货运员填制货运票据，核收运输费用，在运单上加盖站名日期戳以示承运；⑦送票，车站货运室整理货运票据，并送交车站运转室。

零担货物发送简要作业步骤和内容包括：①托运，托运人向车站货运室提交货物运单；②受理，车站货运室核对运单填写是否正确，若认为可以承运，给予签证并指定货物搬入日期和地点；③进货和验收，托运人将货物搬入车站，货运员按运单验收货物，对于需要检斤的货物，货运员应予以检斤，并将货物重量填记在运单上；④制票和承运，核算制票货运员填制货运票据，核收运输费用，在运单上加盖站名日期戳以示承运；⑤保管，货物在装车前的保管；⑥装车，货物的装车，对需要施封的货车进行施封；⑦送票，车站货运室整理货运票据，并送交车站运转室。

集装箱货物发送简要作业步骤和内容包括：①托运，托运人向车站货运室提交货物运单；②受理，车站货运室核对运单填写是否正确，若认为可以承运，给予签证并指定货物搬入日期和地点；③取空箱，托运人从车站取回空集装箱；④装箱，托运人将货物装入集装箱；⑤进货、验收，托运人将重箱搬入车站，货运员按照运单验收货物；⑥制票和承运，核算制票货运员填制货运票据，核收运输费用，在运单上加盖站名日期戳以示承运；⑦保管，集装箱在装车前的保管；⑧装车，集装箱的装车；⑨送票，车站货运室整理货运票据，并送交车站运转室。

2）途中作业

货物在铁路运输途中需要进行的各种货运作业，统称为货物的途中作业。途中作业主要包括：①途中货物的交接、检查，为保证货物运输安全、分清运输责任，在运输途中，车站人员与列车乘务员之间或列车乘务员之间，应在铁路局指定地点和时间办理货物的交接、检查工作；②货物的换装整理，若在运输过程中，发现可能危及行车安全或者货物完整时，所进行的更换货车或对货物的整理工作；③货物运输合同的变更或解除（也称货物运输变更），对已承运的货物，在发送前托运人向铁路提出取消托运，或托运人、收货人提出变更到站、变更收货人的书面要求；④整车分卸作业，整车货物在途中分卸站进行货物的分卸作业；⑤运输障碍的处理，由于不可抗力作用导致货物运输中断，铁路局对已承运的货物，可指示绕路运行，或在必要时先卸下货物，妥善保管，待恢复运输时再装车继续运输。在途中作业中，货物交接、检查和整车分卸属于正常作业；换装整理，货物运输变更和运输阻碍处理属于非正常作业。为提高货物运输效率，应尽量做到运输环节密切配合，严格遵守规章制度，尽可能降低非正常作业的发生次数。

3）到达作业

货物到站后所进行的各项货运作业，称为货物的到站作业。到达作业主要包括以下5项作业：①重车到达与票据交接，列车到达后，车站应派人接收重车；交接货车时，需要详细进行票据与现车的核对，对现车的装载状态进行检查，并与车站或列车乘务员办理重车及货运票据的交接签证；运转室将到达本站卸车的重车票据登记后，移交货运室；②货物卸车作业，将到站货物从车上卸下，这其中包括卸车前的检查，卸车以及卸车后的检查3个步骤；③货物到达通知，内勤货运员接到到达货运票据并核对完毕后，在票据上加盖到达日期戳记，并登记到达登记簿，计算出交付货物时应收或应退的费用后，发出催领通知；④交付工作，到站根据收货人提出的领货凭证或有效证明文件，经与货运票据核对后，由收货人在货票上签章，收清一切费用后，在运单和货票上加盖交付日期戳，并将领货凭证或证明文件粘贴或记载在货票上，然后将货物运单交给收货人，收货人凭货物运单到货物存放地点领取货物。外勤交付货运员凭收货人提出的货物运单向收货人点交货物，然后在货物运单上加盖货物交讫戳记，将交付日期、经办人姓名填入卸货簿；⑤货物搬出，收货人持有加盖货物交讫的运单将货物搬出货场。

4．铁路货物运输计划

为了经济合理地使用铁路运输设备，充分满足国民经济各部门对铁路运输的需要，提高铁路在社会运输市场的竞争力，促进国民经济发展，促进各种运输方式间的合理分工和协调发展，铁路需要制定科学合理的货物运输计划。并且铁路如何科学组织货源货流，最大限度地组织合理运输、直达运输和均衡运输，挖掘运输潜力；同时促进铁路内部运量合理有效安排，使铁路实现计划性管理，也需要依赖科学合理的货物运输计划。

铁路货物运输计划属于铁路运输计划之一，并占有重要的地位。铁路货物运输计划应明确规定货物的运输数量、运量的构成和运输方向。铁路货物运输计划按实施期限长短可分为长远货物运输计划、年度货物运输计划和月度货物运输计划。长远货物运输计划是根据国民经济和社会发展的远景规划进行编制的，是制定铁路网发展规划和技术装备发展计划的依据，一般是五年或十年规划。年度货物运输计划是根据计划年度国民经济各部门对铁路运输要求，通过经济调查核定进行编制的。在年度货物运输计划中，应根据各地区、各部门的产销联系，确定出年度货物发到量、货物流向、货物平均运程、货物周转量、货物运输密度等指标，制定年度机车车辆运用计划、列车编组计划和列车运行图等。月度货物运输计划是根据计划月份国民经济各部门的生产、供应和销售计划对运输的需要为依据，按照国家的运输政策并兼顾运输企业效益进行物资排队，经过纵横平衡进行编制的计划。根据月度货物运输计划可以编制技术计划（月度机车车辆运用计划）、运输方案和运输日常工作计划。对铁路各项工作进行统筹安排，以保证铁路运输的正常进行。

5．铁路中货流到车流之间的关系分析

铁路货物运输的对象是货物，运输产品是货物的位移。货物向一个方向流动就形成了“货流”。而货物需要运载工具的承载，在铁路中这个运载工具就是货车，这就形成了“车流”。但铁路的车辆不能单独行驶，需要以列车的形式在线路上运行，所以具有一定去向的列车集合称为列车流，也称“列流”。“车流”和“列流”统称为运输流。合理组织运输流是铁路行车组织的重要问题之一。

在货物运输中，从货流到车流，再到列车流，最后到列车运行，实现货物位移，是一种层层递进的关系，这中间需要大量的组织工作，如图5.1所示。把货流组织成为车流需要货物运输计划；把车流组织成列车流需要货物列车编组计划；而列车流的组织则主要依靠列车运行图来完成。本节第四点内容简要介绍了货物运输计划，本节第七点内容将简要介绍货物列车编组计划，5.1.5小节中将简要介绍铁路行车组织。

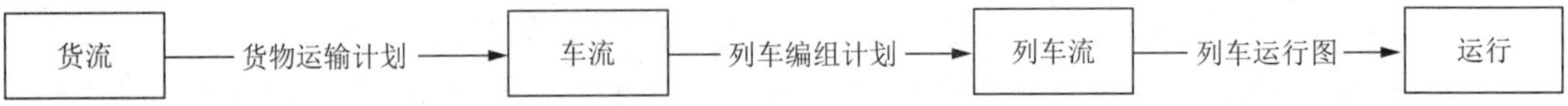

图5.1　从货流到列车线网运行的演变过程

6. 铁路货物列车种类

在介绍货物列车编组计划前，先介绍铁路货物列车的种类。

1）按技术作业划分

① 无改编中转列车：在技术站不进行改编作业，而只是在到发（通过）场进行技术作业后继续运行的列车。

② 部分改编中转列车：在技术站需要变更列车质量、变更列车运行方向或换挂车组的列车。

③ 到达解体列车：在技术站进行解体的列车。

④ 自编始发列车：在技术站编成的列车。

到达解体列车和自编始发列车统称为改编列车。

2）按编组地点和运行距离划分

① 直达列车：在装（卸）车站或技术站编组，通过一个及其以上编组站不进行改编作业的列车。直达列车又可以分为始发直达列车、技术直达列车等。始发直达列车按组织形式又可以分为基地直达列车和阶梯始发直达列车。

② 直通列车：在技术站编组，通过一个或一个以上区段站不进行改编作业的列车。

③ 区段列车：在技术站编组，到达相邻技术站，在区段内不进行摘挂作业的列车。

④ 摘挂列车：在技术站编组，在邻接区段内的中间站进行摘挂车辆作业的列车。

⑤ 小运转列车：在枢纽或区段内几个车站间运行的列车，包括区段小运转列车和枢纽小运转列车。

⑥ 整列短途列车：整列在一个车站装车，到达同一车站卸车，运行距离较短，途中不通过编组站的列车。

3）按列车内的车组数目和途中是否进行车组换挂作业分类

① 单组列车：由同一到达站（到达同一卸车站或同一解体站）的车辆组成，列车内的车辆可以混编，也可以按某些特定要求选编成组。

② 分组列车：由两个及以上到达站的车辆组成，且按到达站选编成组的列车。

7. 货物列车编组计划

货物列车编组计划是将分散在全路范围内的重车或空车，经过车流组织过程，有计划地纳入各种去向的列车中，实现车流向列车流的转变。货物列车编组计划是以表格形式所体现的，统一安排全路各技术站解编作业任务的汇总文档。具体来说，其内容包括规定在哪些车站编组列车，编组到达哪里的列车，编组什么种类的列车，列车中编挂什么去向的车流，车流编入列车的方式以及列车的车次。

货物列车编组计划为保证铁路运输服务质量、加快车辆周转、加快货物送达速度，将路网上去向错综复杂的车流，按照运输性质、不同去向分别组织到不同种类列车流中，起到了梳理车流、规范列车流的作用，规定了各种列车的到站、发站、编组内容和编挂方式，可将全路各车站工作进行合理分工和统一部署，做到各站办理车辆数目与设备相适应。货物列车编组计划作为货运计划和列车运行图的中间环节，其也是编制列车运行图的基础。在日常运输组织工作中，通过调整和适当变更货物列车编组计划，可以缓和运能紧张的情况，起到疏导车流、保证畅通的作用。优化的货物列车编组计划是制定远期路网发展规划、确定枢纽规模和布局、进行站场改造扩建的重要依据。而且通过货物列车编组计划，也可以将运输部门与社会各行各业连接起来，使铁路运输业真正成为促进经济增长的强力支撑。

那么，完成货物列车编组计划需要哪些过程呢？货物列车编组计划的编制过程概括起来包括：①审定编组计划实行期间的计划运量，确定计划重、空车流；②检查各方向的运输负荷，确定车流径路或制定分流办法；③审定点、线能力的有关资料，包括各主要站的通过能力、改编能力、装卸能力和各项技术标准，各条线路的列车重量和换长标准，研究提高能力的可能性及补、减轴办法。以上3条属于货物列车编组计划编制过程中的资料准备阶段。经过资料准备阶段后，就进入编制计划阶段。编制计划阶段包括：④编制快运货物列车编组计划；⑤编制装车地直达列车编组计划；⑥编制空车直达列车编组计划；⑦编制技术直达列车和相邻编组站间的列车编组计划；⑧计划编制后需要检查并最后确定列车编组计划，计算有关指标，拟定保证措施。

编制货物列车编组计划所需要的资料主要有：①车流资料；②各线路和车站的基本情况，包括线路的通过能力、区段长度、运行时间等，车站的设备条件，改编能力、装卸能力等；③技术标准，包括列车平均编成量数，货车无改编作业节省时间等；④各主要编组站工作情况分析、总结。

因为货物列车编组计划中涉及列车发、到站问题，所以进行货物列车编组计划的制定，就是为货物列车寻找合适的车流运行径路。在车流运行径路优化中，一般选择最短路径作为径路选择标准，因为最短路径往往是最经济合理的。但由于某些客观原因造成不能使用最短路径（例如区段通过能力限制、货物特殊要求等）时，就需要寻找相对合理的替代路径满足车流运行要求。研究此问题可以运用运筹学里求解最短路径问题的方法进行研究，一般影响路径选择因素有：①运输距离；②运送时间；③各区段、车站特点；④运输费用。

当车流径路确定后，在编制货物列车编组计划时会对编组方案进行选择，主要选择各方案中车小时总消耗最小的方案。而车小时总消耗与3个重要技术标准有关，这3个技术标准也称为“三大因素”，即计划车流、货车集结车小时消耗、货车无改编通过技术站的车小时节省时间。

1）计划车流

所谓计划车流就是将要编制的货物列车编组计划在未来实行期间的车流期望值。计划车流越接近实际情况，编制的货物列车编组计划越准确，铁路运输效率就越高。那么，如何获得接近实际情况的计划车流数呢？目前，主要办法一是根据现行编组计划执行的实际情况，分析车流变化规律，结合国家宏观调控政策，进行准确的市场预测；二是深入了解与铁路直接相关的运输企业生产及运输计划，对上述市场预测结果进行反复修正，进一步提升计划车流的可信度。

2）货车集结车小时消耗

货车集结车小时消耗就是在货车集结过程中消耗的车小时。货车集结过程一般是货车技术作业过程中最耗时的环节之一。所谓集结就是列车编组成所需的重量、长度前，列车中的车辆陆续到达车站，等待后续到达编组车辆的过程。货车集结过程可分为按调车场集结过程和按车流的集结过程。按调车场集结过程中，有调中转车的集结开始时间是从列车解体完毕开始计算的，货物作业车是从取回站内分解完毕开始算起的。按车流的集结过程中，有调中转车集结开始时间是从到达车站时开始计算的，货物作业车是从装（卸）车完毕开始计算的。按调车场集结过程适用于编制车站阶段计划时推算出车流来源，查定车站货车集结时间标准。按车流的集结过程适用于编制车站班计划时推算出发车流来源。在货车的技术作业过程中，集结是不可避免且耗时较长的一个环节。对于一个有调中转车来说，其集结时间可占全部中转时间的1/3～1/2，因此，缩短货车集结时间对于加速车辆周转具有重要意义，同时也是制定科学、合理、高效的货物列车编组计划的基础。

3）货车无改编通过技术站的车小时节省时间

对于有调中转车而言，其进入车站一般要进行改编作业，而无调中转车则不需要，在车站之间无改编通过。有调中转车在车站进行的一系列技术作业所需要的停留时间必然会大于无调中转列车只在车站进行到发技术作业的时间。那么，如果一列列车在途中某技术站无改编通过，相对于它在该站进行改编作业便可获得一定的车小时时间的节省。因此，对于货物列车编组计划中的列车来说，其所经过的技术站进行改编作业越少越好，这样就可以节省大量的改编作业时间，提高列车运行效率，进而提高货物的送达速度。

5.1.4　铁路客运组织

铁路旅客运输是铁路运输业的重要组成部分。在世界范围内，铁路运输正沿着两个方向发展：在国土面积较大的国家，铁路运输主要服务于中、长途货运，如美国、加拿大、澳大利亚和俄罗斯（在这些国家，中、短途客运以公路运输为主，长途客运主要依靠航空运输）等；而在国土面积比较小的国家（如日本），铁路运输主要服务于中、长途客运。在我国，由于铁路旅客运输具有运量大、运行速度较高、安全性好、费用较低、能全天候服务等优点，所以它在中、长途旅客运输中占主导地位，其客运量和旅客周转量仅次于公路客运。

1. 铁路旅客运输与货物运输区别

铁路旅客运输的工作性质和组织原则与货物运输有着如下区别。

① 铁路旅客运输的主要对象是旅客，其次是行李、包裹及邮件。

② 铁路旅客运输在时间上有较大的波动性。为此，铁路的客运技术设备及客运能力

应留有一定的后备，对不同季节应编制不同的列车运行图，并及时调整客运站的技术作业过程。

③ 客运车辆都是按铁路局固定配属给各客运车辆段，以便于掌握客运车辆的运用及维修情况，确保客运车辆质量良好。这与铁路大部分货物车辆实行全路通用、不固定配属的运用和管理办法有较大的区别。

④ 旅客列车的编组一般是固定的，其始发、终到站以及到、发和途中运行的时刻也是固定的。

⑤ 铁路客运站的位置要求靠近城市，设在离城市中心2～3 km处较为合适，并要求与市内交通及其他各种交通工具能良好地衔接与配合。

⑥ 应合理选择旅客列车的质量标准和速度、发车密度，对各种列车的质量与速度应按其等级做出规定，并逐步提高列车的运行速度。

⑦ 旅客列车到达线及站台一般应按方向和车次予以固定，不宜随意变动。

2. 铁路客流分类

客流是旅客根据其旅行需要，选用一定的运输方式，在一定时间和空间范围内进行有目的的移动。目前，我国铁路采用旅行距离结合铁路管辖范围的方式进行分类，将客流分为直通客流、管内客流和市郊客流三种。

直通客流是指旅客行程跨及两个及两个以上铁路局的客流。一般来说，直通客流旅行距离较长，旅客在途时间也较长，要求列车中挂有卧车及餐车，对列车服务标准要求较高，并要求有一定的舒适度。

管内客流是指旅客行程在一个铁路局范围之内的客流。一般情况下，管内客流旅行距离较短，旅客在途时间也较短，对列车服务标准要求较低，注重旅行方便快捷，一般可不挂餐车及卧车。

市郊客流是指往返于大城市和附近郊区之间的客流。市郊客流主要由通勤职工、通学学生以及去城镇赶集的商贩、郊游的旅客形成的。旅客乘车距离短，但时间性较强，要求开行列车次数多，时刻适宜。旅客特别注重列车的准点、便捷。

3. 旅客列车种类

因为不同客流其运输距离具有较大差别，因此针对不同客流和不同的线路条件开行不同等级的列车。我国旅客列车根据列车的车底及运行速度或旅行速度等，可分为动车组、特快、快速和普通旅客列车。

动车组列车为固定编组，运行速度和行车要求比其他列车高。

特快旅客列车一般运行于大城市之间，停站少且运行速度快，最高运行时速达到160 km。

快速旅客列车一般运行于大中城市之间，停站较少且运行速度较快，最高运行时速为120~160 km。

普通旅客列车是一般运行于城乡之间，停站较多，最高运行时速不超过120 km。

旅客列车种类有：动车组旅客列车、动车组检测车、直达特快旅客列车、特快旅客列车、快速旅客列车、普通旅客列车、通勤列车、临时旅客列车、临时旅游列车、回送出入厂客车底列车、回送图定客车底列车和因故折返旅客列车等。

4．旅客运输计划

旅客运输对于铁路运输来说是一项非常重要的内容，旅客运输涉及人的生命安全及财产安全，更应做到有计划、有组织、保证运输的安全与高效，因此详细、准确、科学的旅客运输计划就显得尤为重要。

旅客运输计划分为长期计划、年度计划和日常计划三种。前两项由计划部门负责编制，日常计划由客运部门编制。

长期计划：一般为5年或更长时期的规划，是铁路客运的发展计划，是纲领性的战略计划，主要规定远期客运量和周转量，重大技术政策与战略措施，新线建设，旧线改造，机车车辆购置等重大基础建设项目。

年度计划：依据长期计划，结合当年具体情况编制，是旅客运输的任务计划。它是确定旅客列车行车量和客运机车、车辆需要数以及客运设备改建、扩建的主要依据。

日常计划：根据年度计划，考虑假期、季节及日常波动情况而编制的，用于指导日常旅客运输的作业计划，包括进行旅客运输作业的月、旬、日、班计划。在日常计划中，还根据各站提报的日计划，按照各次旅客列车的运输能力，对各站、各区段客流进行统一的平衡调整，以保证旅客运输任务的完成和旅客列车运送能力的充分利用。

编制铁路旅客运输计划的主要依据有下列两项内容：①客流调查资料。它是编制旅客运输计划的基础。根据客流调查资料，可以掌握客运量的变化和发展情况。对于大批团体客流和节假日、双休日客流，可通过专门的客流调查直接确定流量和流向，从而为制定计划客流提供可靠的资料。②旅客运输统计报告资料。它是掌握旅客运输变化规律的重要资料，包括车站根据售出客票记录和各次列车上、下车人数等日常统计分析资料和局统计部门根据各站的售出客票报告、退票报告和局内交换资料（输入和通过客流）编制的客流统计报表。根据这些资料，可以分析历年来实际客流的流量、流向及其变化规律和客流增长率，可以查明旅客运输的季节性波动情况；通过分析各方向各次列车乘车人数的统计资料，可以确定各区段各次列车的利用情况。

旅客运输计划的主要内容包括：①发送量：一定时期内，一个铁路局或全路由各车站始发的全部旅客数量；②客运量：一定时期内，一个车站或铁路局或全路始发，接运到达和接入通过的全部旅客数量；③旅客周转量：一定时期内，一个铁路局或全路完成的旅客“人公里”数；④旅客平均行程：铁路运送每一位旅客的平均运输距离。

旅客运输计划和货物运输计划比较，具有以下3个特点：①计划期内人民提出的旅行需要，运输部门不能拒绝，不能延期或提前，必须及时满足；②旅客要求的径路和到达地不能像货流那样进行调整；③铁路运送旅客的能力及客运机车车辆的工作量决定于旅客列车运行图。运行图的编制时间和计划部门编制年度旅客运输计划的时间并不一致，增加了综合平衡的复杂性。

1）客流计划

客流计划是旅客运输计划的重要组成部分，是实现旅客运输计划的技术计划，又是旅客运输能力的分配计划和旅客运输组织的工作计划。

客流计划的编制工作是在铁路总公司的集中统一领导下根据客流资料，采取上下结合集中编制的方法进行的。客流计划可一年编制一次。其编制步骤分为3个阶段：

① 下达任务，准备资料。在编制新运行图确定旅客列车开行方案前，由铁路总公司指定用某月份（称客流月）的客流统计资料作为编制依据，于客流月前下达编制客流计划和客流图的任务，同时公布全路直通客流区段。管内和市郊客流区段则由各局统计，与运输部门共同商定。铁路局根据铁路总公司下达的任务，督促各站、段认真填写客票和表报单据，并及时完整地向统计部门（统计工厂）寄送。客票和表报单据主要有常备客票月报、代用票、市郊定期客票及车补小票等。

② 铁路局编制客流图和客流计划。各铁路局统计部门按铁路客货运输统计规则的要求，提出客流月的直通、管内和市郊分客流区段的发送旅客流向统计资料。各客运部门根据分客流区段的旅客流向资料，按日均数编制客流图，为编制列车运行图提供确定旅客列车对数和运行区段所需的计划客流量。

③ 铁路总公司组织各铁路局将所编制的直通客流图资料进行交换，并汇总在按局别的全路客流汇总图上。各局根据交换的资料，计算出直通客流区段的客流密度，连同管内和市郊客流量一起，汇总在全国铁路区段客流密度图上。然后各局分析客流调查和统计资料，并与过去几年的同期实际资料相比，预计客观形势可能的发展，推算计划期间客流的增长率，从而编制客流计划。最后按干线、支线分客流区段汇总成直通客流计划表，编制计划客流密度与现行运行图规定的旅客列车运送能力比较表，以提供编制列车运行图所需的资料。

2）客流分配计划

客流分配计划又称票额分配计划，是旅客运输计划的重要组成部分。

票额分配工作是在编制新运行图时进行的。在旅客列车对数、行驶区段和列车编组内容确定后，根据旅客列车运送能力以及编制新运行图所使用的客流图、客流计划资料，按局别分不同车次、上下行、软（硬）卧铺、软（硬）座进行票额分配。其中，跨3局以上的旅客列车由铁路总公司负责，跨局的旅客列车由两局协商进行，并分别以铁路总公司、局命令公布，与新运行图同时实行。

硬座票额的分配按先中转、后始发、保证重点的运输原则，做到长短途列车合理分工，确保长途旅客乘坐长途列车，短途旅客乘坐短途列车。硬座票额的分配数量以列车的实际定员数为基础，按各等级列车的超员率分配。优质优价列车不得超员，对非优质优价全程对号列车，为防止运力浪费，在始发站（或指定中途站）每辆硬座车厢可增加10个无座号票额。

软、硬卧铺和软座票额的分配，应首先保证列车始发站长途旅客的需要，对途中省、市、自治区、铁路局和较大城市所在地的车站，适当分配一定数量的票额。软、硬卧铺和软座票额的分配数量为软、硬卧车和软座车的标记定员数。

总之，票额分配计划的编制是一项复杂而细致的工作。编制人员必须牢固地树立全局观念，正确地处理局部和全局的关系，从方便旅客出发，按照保证重点、全面安排的原则进行编制。

3）旅客输送日计划

为了严格掌握旅客列车的乘车人数，及时调整票额，对发送和中转旅客人数较多的车站，应在客流分配计划的基础上，根据客流变化情况，编制旅客输送计划，以确定次日各次列车的计划乘车人数。旅客输送日计划就是车站根据客流变化情况而编制的旅客乘车组织计划。

旅客输送日计划的编制，实行固定票额与日计划相结合的方法。在客运副站长（或客运主任）领导下，由客运计划员根据分配的票额的规律数，确定分车次、分区段的旅客输送日计划。

5. 铁路旅客运输作业

铁路旅客运输作业主要由以下七项作业构成。

1）售票

售票工作是客运站的重要工作之一。需要客运部门正确、迅速地把车票发售给有需要的旅客。售票工作将有运输需求的旅客与铁路运输组织工作联系起来，同时也通过售票工作将有运输需求的旅客纳入到铁路运输计划中。

2）候车

旅客乘车前需要一定的等候乘车和休息的场所，由于铁路运输旅客数量大，此场所就需要具有一定规模，这个具有一定规模的候车场所就是候车室。候车室需要具有较好的候车环境，使旅客出行过程尽量舒适。所以候车室应具有较大的空间，较好的采光、通风设备，较舒适的候车设备等。为了减少旅客上车检票的行程，设置位置应尽量靠近站台。

3）检票

为了维持车站和乘车秩序，铁路在乘客上车前对旅客所持有的车票进行检验。检票工作不但可以避免旅客乘错车，还可以保证旅客、铁路的利益和安全。自检票之时起，铁路负有旅客的旅行和安全责任。

4）旅客乘、降

旅客乘降作业是铁路旅客运输中容易发生事故的环节。为了保证旅客安全，降低事故的发生率，铁路客运人员应进行旅客乘降组织工作、进出站引导工作，派人坚守重要关口，防止安全事故的出现。

5）列车服务

旅客旅行绝大多数时间是在列车上度过的，所以列车服务质量直接影响旅客对铁路运输服务的评价。因此，铁路列车乘务员应在保证旅客和列车运行安全的前提下，做到优质服务。优质服务包括保持车内环境、卫生整洁，车内秩序良好，服务热情、主动、文明、有礼，做好广播宣传、餐饮和供水等各项工作。

6）出站

出站主要作业是完成查验车票工作，此工作可保证铁路自身利益。

7）行包运输

铁路旅客运输的对象除了旅客以外，还包括旅客所携带的行李、包裹。保证行包安全、迅速、准确、便捷地运送到目的地也是铁路客运工作之一。行包运输作业包括发送作业、到达作业和中转作业。发送作业包括承运、保管、装车作业环节；行包到达作业包括卸车、保管和交付作业；行包中转作业是指行包在中转站卸下后，装入另外的旅客列车行李继续运输的作业。

6. 铁路旅客列车营运工作组织

旅客列车营运工作组织是铁路旅客运输组织的主要组成部分。为满足旅客出行要求，铁路部门需要确定适当的旅客列车开行数量、种类、运行区段，合适的列车始发、终到和通过沿途各主要站的时间，并考虑列车合理的停车站和较快的直通速度。

旅客列车营运工作组织主要进行的工作包括：①选择旅客列车的重量和速度；②制定旅客列车开行方案；③编制旅客列车运行图；④确定车底需要组数；⑤铁路客运调度指挥工作。

选择旅客列车的重量和速度决定着旅客列车编组大小和旅客在途时间，直接影响到铁路客运能力、服务质量和客运设备的使用效率。在机车类型和线路条件已定的情况下，提高直通速度可采取加快列车运行速度、压缩停站次数、压缩停站时间等措施来实现。还应考虑到列车始发、终到时间和大站时刻应方便旅客出行。最后还要考虑到车站设备条件等因素。

在旅客列车重量和编组辆数确定后，根据每辆车的定员数，就可以得到各列编组列车的定员数。再根据客流计划，就可以进行旅客列车开行方案制定工作。旅客列车的开行方案就是确定旅客列车运行区段、列车种类和开行对数。它是铁路客运组织的核心，能够反映铁路旅客运输的经营策略和服务水平。旅客列车运行区段和开行对数，基本取决于客流计划。按流开车是确定旅客列车开行方案首要和基本原则。旅客列车开行方案的编制是在铁路总公司的统一领导下进行的。直通旅客列车的开行方案由铁路总公司研究有关铁路局的建议确定，管内和市郊旅客列车的开行方案由各铁路局自行确定并报送铁路总公司，铁路总公司进行综合平衡后拟定全路开行方案。开行方案确定后就可以进行列车运行图的铺画了，列车运行图的具体内容介绍见5.1.5节。

旅客列车编组与货物列车编组不同，其车种、数量和编挂顺序一般是固定的，并由旅客列车编组表加以规定。这种固定连挂在一起的车列，称为客车固定车底，它在固定的运行区段内来回行驶，平时不进行改编。车底在配属段所在站和折返段所在站之间往返一次所经过的全部时间，称为车底周转时间。周转时间的长短是决定某一对列车所需车底数目的依据。若某到站、某种旅客列车的车底周转时间为$\theta_{车底}$，在一个周转时间内平均每天发出的列车数为K，则该到达站、该种旅客列车的车底需要数$n_{车底}=K\theta_{车底}$。

铁路客运调度工作是铁路旅客运输日常工作的重要组成部分，实行集中领导、分级管理。各级客运调度机构分别设置主任客运调度员和客运调度员。他们的基本任务是正确地编制和执行客运工作日常计划，有预见地组织客流，经济合理地使用客车和客运设备。组织客运各部门紧密配合、协同动作，保质保量地完成旅客运输任务。在组织实现日班计划中，下级客运调度员必须服从上级客运调度员的指挥，铁路总公司、局两级客运调度员分别由各级调度长统一指挥。铁路总公司、局客运调度分别负责全路、局管内的日常客运组织指挥工作。各级客运调度员是旅客和行包运输工作的指挥者、组织者。铁路总公司客运调度员需要掌握全路客流变化情况和国际旅客列车及直通旅客列车的运行情况，组织各局有计划地、均衡地输送旅客，处理跨局旅客列车的加挂、停运、变更径路、客车甩挂及调拨。局客运调度员需要掌握团体旅客运输工作，分级监督组织旅客列车按运行图安全、正点运行，经济合理地使用客车和客运设备；掌握旅客列车编组和车辆检修、整备情况，及时调整车组的配挂；检查掌握专运列车和加开临时旅客列车及中转站的合理接续；掌握客流动态和行李、包裹运输的变化，及时提出增减车辆计划。客运调度的日常工作包括：①正确组织旅客及行李、包裹运输；②经济合理地使用客车；③监督旅客列车按运行图行车；④对客运组织工作进行分析、总结；⑤客运调度报告。

5.1.5　铁路行车组织

1. 铁路列车车次

铁路列车车次是中国铁路总公司对不同行驶方向、不同车种、不同行驶区段和不同运行时刻的列车编订的标示码，以方便区别。为了更好地组织铁路行车等工作，需要对所组织的列车进行命名，这种命名的方式就是编制列车的车次。因为列车具有不同的种类、性质、运行方向和等级，因此需要在编制车次时将以上这些方面体现出来，使得每一列车都有一个号码或代号作为唯一识别这列车的标示码。

车次用阿拉伯数字表示，不同的行驶方向用奇偶数区别。当列车行驶方向为向北京、支线向干线或指定方向为上行方向，编为偶数车次；反之为下行方向，编为奇数车次。如果列车在运行途中由上行变成下行或由下行变成上行，都要更换车次。车次编码遵循的原则包括：①突显铁路产品品牌特征；②考虑未来发展，留有发展空间，具有可扩充性；③坚持车次规范、唯一，客货列车车次统一考虑；④简单、实用，易于实施，便于识别，便于记忆，维护方便。现行旅客和货物列车车次编排规定，如表5.2和表5.3所示。

表5.2　旅客列车车次编排规定表

列车分类		车次范围	备注
高速动车组旅客列车		G1 ～ G9998	“G”读“高”
	直通	G1 ～ G4998（G4001 ～ G4998 为临客预留）	
	管内	G5001 ～ G9998（G9001 ～ G9998 为临客预留）	
城际动车组旅客列车		C1 ～ C9998（C9001 ～ C9998 为临客预留）	“C”读“城”
动车组旅客列车		D1 ～ D9998	“D”读“动”
	直通	D1 ～ D4998（D4001 ～ D4998 为临客预留）	
	管内	D5001 ～ D9998（D9001 ～ D9998 为临客预留）	
直达特快旅客列车（160 km/h）		Z1 ～ Z9998	“Z”读“直”
	直通	Z1 ～ Z4998（Z4001 ～ Z4998 为临客预留）	
	管内	Z5001 ～ Z9998（Z9001 ～ Z9998 为临客预留）	
特快旅客列车（140 km/h）		T1 ～ T9998	“T”读“特”
	直通	T1 ～ T3998（Z3001 ～ Z3998 为临客预留）	
	管内	T4001 ～ T9998（Z4001 ～ Z4998 为临客预留）	
快速旅客列车（120 km/h）		K1 ～ K9998	“K”读“快”
	直通	K1 ～ K4998（K4001 ～ K4998 为临客预留）	
	管内	K5001 ～ K9998（Z5001 ～ Z6998 为临客预留）	
普通旅客列车（120 km/h）		1001 ～ 7598	
（1）普通旅客快车		1001 ～ 5998	
	直通	1001 ～ 3998（3001 ～ 3998 为临客预留）	
	管内	4001 ～ 5998	
（2）普通旅客慢车		6001 ～ 7598	
	直通	6001 ～ 6198	
	管内	6201 ～ 7598	
通勤列车		7601 ～ 8998	
临时旅客列车（100 km/h）		L1 ～ L9998	“L”读“临”
	直通	L1 ～ L6998	
	管内	L7001 ～ L9998	
旅游列车（120 km/h）		Y1 ～ Y998	“Y”读“游”
	直通	Y1 ～ Y498	
	管内	Y501 ～ Y998	
动车组检测、确认列车		DJ1 ～ DJ8998	“DJ”读“动检”
回送出入厂客车底列车		“00”后加 1 ～ 498	
回送图定客车车底		图定车次前冠以“0”	
因故折返旅客列车		原车次前冠以“F”	“F”读“返”

表5.3　货物列车车次编排规定表

列车分类	车次范围	备注
特需货物列车	X3001 ～ X3998	"X"读"行"
快速货物列车		
（1）特快货物班列（160 km/h）	X1 ～ X199	
（2）快运货物列车	X201 ～ X2990、X8001 ～ X9998	
（3）远程技术直达列车	X88001 ～ X88998	
（4）"点对点"快速货物列车	79001 ～ 79998	
普通货物列车		
（1）普快货物班列（80 km/h）	80001 ～ 81998	
（2）煤炭直达列车	82001 ～ 84998	
（3）石油直达列车	85001 ～ 85998	
（4）始发直达列车	86001 ～ 86998	
（5）空车直达列车	87001 ～ 87998	
（6）技术直达列车	10001 ～ 19998	
（7）直通货物列车	20001 ～ 29998	
（8）区段货物列车	30001 ～ 39998	
（9）摘挂列车	40001 ～ 44998	
（10）小运转列车	45001 ～ 49998	
（11）重载货物列车	71001 ～ 77998	
（12）自备车列车	60001 ～ 69998	
（13）超限货物列车	70001 ～ 70998	
（14）保温列车	78001 ～ 78998	
军用列车	90001 ～ 91998	

各局管内划分的车次范围不足时，须向总公司申请车次，不得自行确定。

2．旅客列车和货物列车在行车组织中的差别

旅客列车和货物列车在行车组织中有很多相同之处，也有不同之处。它们在行车组织中的主要差别表现为：

① 货物列车由于变更列车重量、换挂车组、到中间站进行货物作业等需要，经常出现在途中摘、挂车的作业。而旅客列车除非车辆发生故障必须摘下的情况以外，绝大多数情况下车辆都随着列车从始发站到终到站，途中无摘挂作业。

② 旅客列车一般采用固定车底循环运转的方式，而货物列车很少使用固定车底循环运转的方式，绝大多数的货物列车到达终到站后会进行解体作业，原列车不再返回始发站。

③ 因为货物列车到达终到站后要进行解体作业，当始发站要编成新的列车时就要进

行编组作业。而旅客列车基本都是固定编组，所以不需要进行编组作业。

④ 旅客列车为了满足旅客往返的出行需求，一般是双向成对设置的。而货物运输通常没有往返需求，所以一般不会成对运行。

3. 车站行车组织

车站是铁路运输组织的重要环节，也是铁路运输的基层生产单位。车站行车组织主要包括接发列车和调车。车站行车组织工作的基础是车站作业计划，要使车站日常工作有效、有序地进行，就要制定科学、合理的车站作业计划。车站行车组织质量直接影响铁路整体的工作效率，所以加强铁路车站行车组织管理对提高铁路运输安全、正点、高效、优质具有重要意义。

1）接发列车

列车除在区间运行外，还要在车站到、发和通过。因此，接发列车工作是列车运行过程中不可缺少的重要环节。

为了保证列车运行的安全，列车接入车站和由车站出发都必须按照一定的程序办理接发列车的必要作业。接发列车时须办理的作业有：与邻站办理闭塞（列车行车的凭证）；准备接车或发车进路；开放和关闭进站信号或出站信号；接、交行车凭证（不使用自动闭塞和半自动闭塞时）；迎送列车及指示发车。

在正常情况下，列车运行采用空间间隔行车闭塞的方法，即同一时间和同一区间（或闭塞分区）内的一条正线上，只允许有一列列车运行，以防止同向列车追尾或对向列车正面冲突。因此，列车进入区间前，两站间办理闭塞手续是车站接发列车的首要作业程序。

列车到达、出发或通过所须占用的一段站内线路，称为列车进路。列车到达或出发之前，车站值班员应正确发布准备列车进路的命令，及时停止影响列车进路的调车工作。只有在闭塞手续办理完毕、列车进路已准备妥当后，才能开放进站信号或出站信号。列车进入或开出车站后须及时关闭信号。列车到达或出发后，车站值班员须及时将到、发时刻通知邻站和报告列车调度员。

2）调车

在货车一次周转中，除列车在车站的到、发、通过及区间的运行外，机车、车辆和车列还须在站线及岔线上进行各种不同目的的移动，这种有目的的移动就是调车。它是铁路运输过程中的重要组成部分，也是车站行车组织中的一项主要内容。

具体的调车工作按其目的不同可分为：①解体调车，将到达的列车或车组按一定要求分解到指定的线路上；②编组调车，根据《铁路技术管理规程》和列车编组计划的规定，将车辆选编成车列或车组；③摘挂调车，为列车补轴、减轴、换挂车组和摘挂车辆；④取送调车，向货物装卸地点和车辆检修地点取送车辆；⑤其他调车，如车列或车组转场、货车检查、整理车场内存车等。

车站由于作用性质的不同，完成各种调车工作的比重也不一样，技术站以编组、解体调车为主；中间站主要办理摘挂车辆的调车作业；货运站则以取、送调车为主。

调车工作必须实行统一领导和单一指挥。车站的调车工作由车站调度员（未设站调由车站值班员）统一领导，每个调车组由调车长统一指挥。车站调度工作应按规定的技术作业过程和作业计划进行。每个班的调车工作任务由班计划规定，并根据实际变化情况和作业进度由车站调度员制定阶段计划，分阶段布置调车任务。按照阶段计划的要求，调车区长或计划助理调度员制定调车作业计划，并以调车作业通知单的形式下达给调车组。调车长根据调车作业通知单的要求组织指挥全组人员进行调车。

3）车站作业计划

车站作业计划是对车站工作进行具体领导的行动计划，其目的是在充分利用车站现有技术设备和工具的条件下，保证不间断地安全生产，质量良好地完成列车运行图、列车编组计划、车站技术作业过程和规定的运输任务。因此，车站作业计划也是组织全站的生产活动计划。

车站作业计划包括班计划、阶段计划和调车作业计划。班计划是车站最基本的计划，规定了车站在一个班（12 h）期间内的主要任务；阶段计划是班计划分阶段的具体安排，是完成班计划的保证，3～4 h为一个阶段；调车作业计划是实现阶段计划、组织列车编解和车辆取送作业的实际行动计划。

（1）班计划

班计划一般包括以下内容：列车到达计划，各方向列车到达车次、到达时分及编组内容；列车出发计划，各方向列车出发车次、出发时分、编组内容及车流来源；装车、卸车和排空计划，本班应完成的装车数、卸车数、排空车数以及取送调车的安排；班工作指标，中转车平均停留时间、一次货物作业平均停留时间和货物列车出发正点率等。

（2）阶段计划

阶段计划一般包括以下内容：列车到达车次、到达时分、占用股道顺序和解体起讫时间；出发列车车次、出发时分、占用股道顺序、编组内容及车流来源、编组起讫时间；货场，专用线作业地点，装卸车的取送时间、取送车数及挂运车次；检修车、加冰车、交换车等的取送时间及车数。

阶段计划应由车站调度员根据下达的班计划任务，结合近阶段预计列车到达时分、编组内容、现在车分布、调机运用情况、到发线占用情况等进行编制。在编制时主要解决三个相互联系的问题，即确定出发列车车流来源、调车机车的运用和到发线的运用。

（3）调车作业计划

调车作业计划由调车领导人根据阶段计划的任务、到达确报和存车情况编制，并以调车作业通知单的形式下达给有关调车人员执行。要求节省钩数、缩短调车行程、减轻调动重量、压缩调车时间、保证调车安全。

调车作业计划包括：解体作业计划、编组作业计划、专用线取送车作业计划等。

4. 列车运行图

前面我们介绍过了如何将客货流转化成车流，乃至列车流。有了列车，我们就需要让这些列车在线网上有序、安全、高效地运行起来。而且，无论是货物列车还是旅客列车，在线网上都要依据列车运行图进行运行，所以列车运行图是非常重要的铁路运输组织计划性文件。列车运行图不但是铁路运输企业实现列车安全、正点运行和经济有效组织的运输生产计划，也是铁路运输企业向社会提供运输供给能力的一种展示形式。它不但将铁路运输的各个环节（包括站场、线路、机车、车辆、人员、相关部门等）联系起来，也将铁路运输企业与社会生产、生活联系起来。

列车运行图是列车运行的图解形式，是全路行车组织的基础。列车运行图规定了各车次列车占用区间的程序，列车在每个车站的到达和出发（或通过）时刻，列车在区间占用时间和占用次序，列车在车站的停站时间及机车交路，列车重量和长度等。

列车运行图是用坐标来表示列车的时空关系。我国所采用的列车运行图是以横坐标表示时间，纵坐标表示距离；用垂线等分横轴表示一昼夜的小时和分钟；用水平线表示车站中心线在线路上所在位置，水平线间的距离表示站间距离，确定方法有按区间实际里程的比率确定法和按区间运行时分的比率确定法。列车运行图分为二分格运行图、十分格运行图和小时格运行图。二分格运行图的横轴是用2分钟为单位用细垂线进行等分，其中10分钟格和小时格用略粗垂线表示；十分格运行图的横轴是用10分钟为单位的细垂线进行等分，其中半小时格用虚线表示，小时格用略粗垂线表示；小时格运行图的横轴是用1小时为单位用垂线进行等分。二分格运行图主要在铺画列车运行详图时使用，十分格运行图主要供列车调度员在日常调度指挥工作中编制调度计划和绘制实绩运行图时使用，小时格运行图主要在编制旅客列车方案图和机车周转图时使用。在列车运行图中还有很多的斜线，这些斜线就是列车运行线。列车运行线与车站中心线的交点就是此列车在这个车站到达、发送或通过时刻。图5.2所示是一个十分格运行图局部示意图。

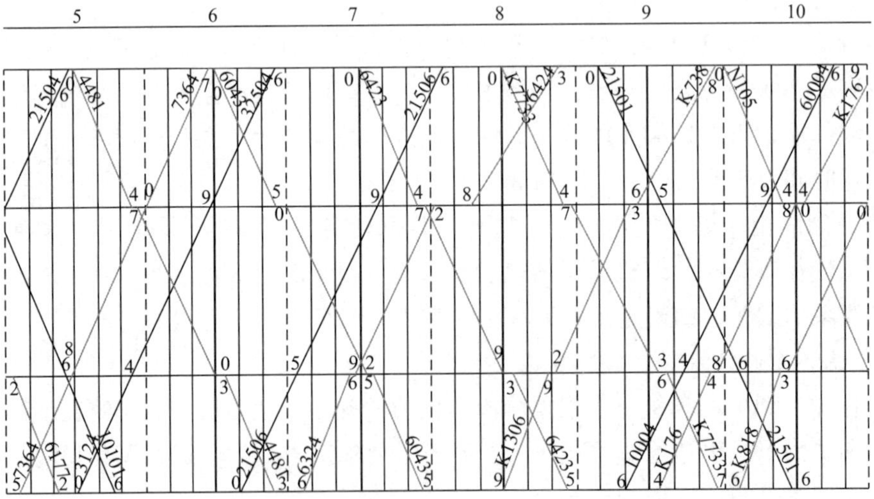

图5.2　十分格运行图局部示意图

按照不同的划分方式，列车运行图可以划分出很多种类。按列车运行图的使用范围可以分为铁路内部使用的列车运行图和社会使用的列车运行图。按线路的速度等级可以分为普速铁路列车运行图和高速铁路列车运行图。按区间正线数目可以分为单线运行图、双线运行图和单双线运行图。按运行列车性质不同可以分为客运专线运行图、货运专线运行图和客货混线运行图。按列车运行速度可以分为平行运行图和非平行运行图。按上下行方向列车数目可以分为成对运行图和不成对运行图。按同方向列车运行方式可以分为连发运行图和追踪运行图。

列车运行图的种类虽然丰富，但无论哪种运行图都是由一些基本要素所组成的。这些基本要素包括：列车区间运行时分，列车在中间站的停站时间，机车在基本段和折返段所在站的停留时间标准，列车在技术站和客货运站的技术作业时间标准，车站间隔时间，追踪列车间隔时间。

5. 铁路通过能力

通过能力是指一定的机车、车辆、动车组类型和一定的行车组织方式条件下，铁路各种设备及设施，在某一时间段内所能通过的最多列车数量。通过能力取决于铁路设施设备和运输组织工作水平。因此，通过能力可以通过改善设施设备水平和运输组织能力进行提升。研究通过能力就是为了能在了解铁路设备及技术水平的前提下合理安排运输生产工作，保证铁路运输能力与国民经济水平相适应。

铁路通过能力包括区间通过能力、车站通过能力、机务段设备和整备设备能力、电气化铁路供电设备能力和高速铁路动车段所能力，其中与行车组织有关的是区间通过能力和车站通过能力。区间通过能力主要取决于区间正线数、区间长度、线路纵断面、机车车辆类型及信号、联锁及闭塞方式等。而车站通过能力主要取决于车站到发线数量、咽喉岔道的布置、驼峰和牵出线数量、信号、联锁及闭塞方式等。在某个区段中，无论是上述哪种设备的能力，其最小值将直接决定该铁路区段的通过能力。

在铁路实际工作中，也会将通过能力分为设计通过能力、现有通过能力和需要通过能力。设计通过能力是新线修建或现有线路改造后，预计该铁路区段所能达到的通过能力。现有通过能力是在现有设施设备、行车组织方式等条件下，铁路区段可能达到的通过能力。需要通过能力是在一定时期内，为满足国家建设和人民生活需要，铁路区段应具有的通过能力。

6. 铁路运输调度工作

前面在铁路客运组织部分里，已经介绍过了客运调度的有关内容。这里从铁路运输总体的角度对铁路运输调度工作进行简要、概括性的介绍。

铁路运输系统是一个庞大而复杂的系统，这个系统中有众多的设施、设备、人员、部门、作业环节等。在这样一个需要多工种配合，多种设施、设备使用，多作业环节协调的系统中，要让系统组成的各个部分协调配合，安全、高效率、高标准地完成运输组织工作，就必须实行集中统一指挥管理的原则。运输调度工作就是日常完成铁路运输各部门、各工种、各环节集中统一指挥管理的工作。

我国铁路运输调度指挥实行各级运输调度的集中管理、统一指挥的原则，设置三级调度机构。这三级调度机构包括铁路总公司设调度处，铁路局设调度所，技术站设调度室，分别负责全国铁路、铁路局和车站的日常运输组织指挥工作。各级调度指挥部门同时受运输管理部门的领导和上级调度指挥部门的指挥。在各级调度机构中会设有不同职责的调度员，包括计划调度员、列车调度员、机车调度员、客运调度员、货运调度员等，分别负责铁路日常运输生产中不同业务工种的各级领导指挥工作。

铁路运输调度是铁路日常运输组织指挥管理的核心。铁路运输调度的基本任务包括正确编制和执行日常运输工作计划，科学组织客、货流和车流，合理组织运输生产，均衡运输资源，挖掘运输潜力，提升运输能力，保证或超额完成运输生产任务，使铁路各部门协同配合，实现铁路各种计划顺利实施，提高铁路的经济效益，为国家发展做出应尽的贡献。

5.2 城市轨道交通运营组织

5.2.1 城市轨道交通运营组织概述

前面我们介绍了铁路运输组织的概念，所谓铁路运输组织是为安排、组织铁路运输生产所进行的各种工作的总称，也称为“铁路运营”。而城市轨道交通运营组织是指城市轨道交通运营单位为实现安全有效运送乘客而有组织开展的各种活动的总称。城市轨道交通运营组织就是城市轨道交通运营单位对城市轨道交通线路的列车运行、车站和客运服务、列车调度以及各机电系统的运行实施的有序管理。一般称为城市轨道交通运营组织，也可称为城市轨道交通运输组织。

1. 城市轨道交通运输特点

随着城市规模的发展，城市交通问题日益严重。城市轨道交通运输方式由于其鲜明的特点，根据各国城市实践证明，是解决城市居民出行问题有效措施之一。

城市轨道交通的特点包括：①采用固定、大编组列车运行方式，运量大；②绝大部分城市轨道交通方式采用全封闭路权，使其运行安全、可靠；③良好的线路条件和先进的控制系统，使其能保证较高的运行速度；④采用电力牵引方式，节能、环保；⑤采用高架或地下的线路设计，使其对城市其他交通影响小，且占地面积小；⑥拥有良好的候车及乘车环境，乘坐舒适性强。

但城市轨道交通也有一定缺陷，不是所有城市都适合大规模修建轨道交通。其原因包括：①高架或地下的线路设计，使其建设投资费用高；②高昂的修建成本和其轨道设施的固定性，线网一旦形成，即便结构不合理也难于调整；③较高的运行速度和可设置较短时间的发车间隔等特点，对设施、设备、运营组织等的技术条件要求高；④高标准的技术管理条件，运营成本高，运量所转化来的运输收入无法与运输成本平衡，城市轨道交通运输企业将面临亏损；⑤运行噪声较大，对周边居民生活产生一定影响；⑥抗灾害能力较弱。

2. 城市轨道交通技术经济指标

各城市在使用城市轨道交通运输方式时，应发挥其最大化的效能。在衡量城市轨道交通运输的适用条件时，可以用一定的技术经济指标衡量。这些指标主要包括：①最小运行时间间隔，前一列车发车时刻与后一列车发车时刻之间的时间间隔；②每节车厢的乘客人数，每节车厢能够容纳乘客数量（大概按0.2人/m^2计算）；③每列车编组车厢节数，每列车编组的车辆数；④每小时单向最大运送能力，单位小时通过单个方向横截面的最大人数；⑤车辆构造速度（车辆设计速度），设计车辆时，考虑到车辆结构强度、列车运行安全和车辆发展的需要所规定的车辆最大容许速度；⑥时刻表速度，在运行时刻表约束条件下，列车在区间内的允许运行速度；⑦最低经济运输量，城市轨道交通每天每千米运输乘客最少人数；⑧与地面交通隔离率，城市轨道交通线路与道路交通全隔离路段占线路总长的百分比。⑨车站平均站距，相邻两车站之间的距离。

3．城市轨道交通运营组织特点

虽然城市轨道交通和传统铁路都属于轨道交通运输，但由于二者运行地域等因素的差别，二者运营组织也有不同。

① 城市轨道交通行车密度高，列车运行间隔时间短。

② 客流以通勤客流为主，一天客流在时间分布上有明显的高峰和低谷之分。

③ 运输距离短，需要更多地考虑乘客换乘问题。

④ 通勤乘客对票价承担能力较差，要求低票价。

⑤ 运营组织技术集成度高，自动化、信息化水平高。

⑥ 由于城市轨道交通更贴近居民生活，对运营组织的安全性、可靠性要求更高。

4．城市轨道交通运营管理机构组成及运营部门主要职能

城市轨道交通运营管理机构结构的合理性将影响城市轨道交通运营组织的有效性。一般一个城市轨道交通运营机构（企业）通常由行政管理部门、人事部门、经营及财务部门、运营部门等职能部门组成。与运营组织直接相关的是运营部门，运营部门的主要职能包括：①运营策划，负责综合资料统计、客流调查与分析、运营统计数据处理、乘客意见处理、运营公司与其他公交部门的协调联络，制定运营方案以及行车时刻表，制定各工种职工服务守则（包括司机、值班员、站务员等），制定职工培训计划等；②运营执行，中央控制室及车站的管理与监督，列车及司机的调度、管理与监督，监督人员的管理与监督，运营执行过程中特殊情况处理，运营故障及事故的调查处理；③票务管理，售检票系统管理，票款结算、统计，做好售票工作的准备与突发情况的处理；④乘务管理，安排司机作息时间、制定值乘方案、培训教育、安全监督等；⑤客运服务，通过客运设施、设备对客流进行有效分流、引导、组织等工作，接受、处理乘客投诉和建议，为乘客创造安全、便捷、舒适的候车及乘车环境；⑥应急事件处理，对突发事件作出合理的处置，编制突发事件应急管理办法及预案，并组织演练，日常加强安全教育、宣传工作，对应急设施设备定期进行检查、维修、保养，保证其在突发事件发生时的可使用性。城市轨道交通运营管理所涉及的人员、技术种类繁多，做好运营管理需要大量工作经验的累积。随着我国城市轨道交通运营线路数量的不断增加，城市轨道交通运营管理方面的经验会越来越丰富，运营管理水平也会不断得到提升。

5.2.2 城市轨道交通车站

1. 城市轨道交通车站定义和功能

车站是城市轨道交通中重要组成部分，是乘客选择城市轨道交通出行方式进行乘降、换乘的场所；也是列车到发、通过的场所，有些车站还承担着列车折返、临时停车的功能；还是运营管理人员的主要工作场所。要求城市轨道交通的车站能够用于安全、有效地组织乘客集散工作，全面、可靠、灵活地完成运营组织相关工作。

2. 城市轨道交通车站的分类

1）按运营功能划分

城市轨道交通车站可分为中间站、区间站、换乘站、终点站（始发站）、通勤停靠站、联运站等。

中间站是城市轨道交通线路中数量最多的基本站型。主要功能是满足乘降和客运服务要求。

区间站，也称折返站、区域站，设在城市轨道交通线路中间可供列车折返、开行区间列车的车站。主要功能是满足乘降、客运服务和部分列车折返的要求。

换乘站是指在两条或两条以上轨道交通线交叉点设置的车站。主要功能是满足乘降、客运服务和换乘的要求。

终点站（始发站）是指线路两端端点的车站。主要功能是满足乘降、客运服务、列车折返和少量列车检修作业的要求。

通勤停靠站是一个乘降点，设在车站与车辆基地的联系线路上，供内部职工上下班通勤乘降用。

联运站是指车站内设有两种不同性质列车线路进行联运及客流换乘，具有中间站和换乘站的双重功能。

2）按车站规模划分

城市轨道交通车站可分为小型站、中型站和大型站。车站的规模主要根据车站设计客流量确定。一般可参照日均乘降客流量和高峰小时客流乘降量来综合确定。

大型车站一般地理位置非常重要，高峰小时客流量达3万人次以上。

中型车站一般位于城市中心区或较大居民聚居区，高峰小时客流量为2～3万人次。

小型车站一般位于城市边缘或郊区，高峰小时客流量为2万人次以下。

3）按车站服务对象及功能划分

城市轨道交通车站按车站服务对象及功能可分为城市标志站、与干线或机场等交通连接的换乘枢纽站、市郊地区车站、农村地区车站等。

城市标志站的主要特点为该站可作为城市的象征或著名建筑物。

与干线或机场等交通连接的换乘枢纽站主要用于完成与机场或其他交通方式的持续运输过程。

市郊地区车站主要进行市郊旅客乘降等作业，用于完成市郊旅客运输作业。

农村地区车站主要进行农村地区旅客乘降等作业，用于满足农村出行旅客运输需求。

4）其他分类

按车站设备的位置可分为地下车站、地面车站和高架车站。

按车站施工方法可分为明挖站、暗挖站。

按站台形式可分为岛式车站、侧式车站和岛侧式车站。

按车站断面结构可分为矩形车站、拱形车站、圆形车站和马蹄形车站。

3. 城市轨道交通车站的组成

城市轨道交通车站主要用于完成乘客乘降、客运服务，车站一般由建筑设施和运营系统组成。

1）建筑设施

建筑设施包括站厅、站台、线路、出入口、通道以及车站用房等。

（1）站厅

站厅通常划分为付费区和非付费区。付费区是指乘客需要经购票、检票后方可进入的区域，然后可到达站台。付费区内设有自动检票系统、电梯系统、乘客信息系统等。非付费区也称免费区或者公用区，乘客可在本区内自由通行，一般设有售票系统、乘客信息系统、车站中控室、车站设备房等，有的还有便民服务设施等。站厅的主要功能是集散客流兼客运服务。站厅布局将影响乘客进出站流线，影响乘客集疏速度。要求乘客进出站流线设置简捷；通常，相关设备布局合理、紧凑、适用。站厅的面积应根据高峰小时最大客流量及集散时间要求计算确定。

（2）站台

站台是供列车停靠和乘客候车、乘降的地方。站台上的主要设备包括屏蔽门、紧急停车按钮、消防设施、站台广播等。

（3）线路

站内线路主要完成城市轨道交通车辆的停靠、运行作业，也有的线路有折返、停放、转线、临时避险等作用。

（4）出入口、通道、车站用房

出入口是乘客进出车站的通道，是车站与外界的连接地。通道把出入口、站厅和站台连接起来。车站用房包括运营管理用房、设备用房和辅助用房三个部分。运营管理用房是车站运营管理人员使用的办公用房。设备用房是为保证列车正常运行，保证车站内环境条件良好和在灾害情况下的乘客安全所需要的用房。辅助用房是为了车站内部工作人员正常工作生活所设置的用房。

2）运营系统

运营系统包括自动售检票系统、电梯系统、屏蔽门系统、乘客信息系统、环境控制系统、防灾报警系统、车站设备监控系统和安防系统等。

（1）自动售检票系统

自动售检票系统是由计算机集中控制进行自动售票、自动检票及自动结算的自动化管理系统，是城市轨道交通综合自动化管理不可缺少的重要组成部分，它基于计算机网络和多种形式的车票技术，对车票数据进行处理，实现自动发售车票、自动计费的功能，并对采集到的信息和数据进行存储、计算、分析，达到随时查看数据、及时了解运营情况、妥善管理的目的。

（2）电梯系统

电梯系统中包括自动扶梯和垂直电梯。自动扶梯一般设在出入口与站厅以及站厅与地下站台之间。垂直电梯一般在出入口至站厅、站厅至站台设置直升电梯，便于有需要人士无障碍通行。

（3）屏蔽门系统

屏蔽门系统是指城市轨道交通系统中，沿车站站台边缘设置，将列车运行区间与站台隔离，具有节能、环保和安全功能的一组装置设备。

（4）乘客信息系统

乘客信息系统是指城市轨道交通运营管理者利用网络技术、多媒体传输技术和显示技术，可在指定时间，将指定信息显示给指定乘客的一组系统设备。乘客信息系统有信息发布和信息查询的功能。在正常状态下可播放列车运行信息、政府公告、出行参考等信息，在紧急状态下可发布各种救援和疏散指示，此外，乘客还可以通过触摸屏自行查询气象信息、换乘信息等。

（5）环控系统

环控系统是一套可以对环境进行空气处理的系统，其作用是调节指定区域内的空气温度、湿度，并控制二氧化碳、粉尘等有害物质的浓度，送入新风，排出有害气体和热量。环境控制涵盖的地点包括车站站厅、站台、隧道、设备及管理用房等。

（6）防灾报警系统

防灾报警系统是指城市轨道交通系统中，为了尽早探测到火灾的发生并发出火灾警报、启动有关防火、灭火装置而在车站与区间设置的一种自动消防设施。为保证城市轨道交通运行安全以及正常运营，保护全线所有建筑物，每个城市轨道交通线路都应配备具备火灾自动监测及自动报警功能的防灾报警系统，并同时具有在火灾状况下必要的防火、灭火手段和措施。

（7）车站设备监控系统

车站设备监控系统是指对车站及区间的空调、通风、给排水、照明、消防、自动扶梯、屏蔽门等机电设备的运行状态进行自动化综合管理的系统。其主要功能是在正常状态下，保证车站及区间内机电设备按预设状态自动安全运行，使各项机电设备可靠、节能和达标；并在灾害发生时，能够迅速进入防灾运行方式，保证人员的生命安全并减少财产损失。

（8）安防系统

安防系统的主要作用是更好地做到事前预警、事中处理、事后取证的全过程安防保障。其主要由视频监控系统、门禁系统、报警系统和安检排爆设备构成。

4．城市轨道交通线路种类

城市轨道交通线路按其在运营中的功能主要可分为正线、辅助线、车场线。

正线是指贯穿全程的线路，供城市轨道交通载客运营，包括区间正线和车站正线。两相邻车站之间的线路称为区间正线。车站两端之间的线路为站内正线，也称为站线。当线路分叉时，又可将正线分为干线和支线。一般情况下，正线分岔直向运行的为干线，而侧向运行的为支线。

辅助线，也称配线，是为了配合列车转换线路或改变运行方向等运营需要而设置的线路，包括折返线、临时停车线、渡线、出入线、联络线等。折返线是指在线路端终点站，或准备开行折返列车的中间站，设置的专供列车折返调头的线路。停车线是用于故障列车待避、临时折返、临时停放或夜间停放列车的线路。渡线是指在上下行正线之间设置的连接线，使列车可以进行转线作业。出入线是从正线上分岔至车辆基地的线路。联络线是指同种制式的两条单独运营的轨道交通线路之间为调动列车等作业方便而设置的连接线路。

车场线是设置在车辆基地内，可用于列车停放、检修的线路。

5.2.3　城市轨道交通运营组织

1．城市轨道交通运营计划

城市轨道交通运营计划是日常运营组织的基础。该计划以预计的客运需求为基础，对城市轨道交通系统中的各种设施、设备、人员等进行科学、合理地安排、组织，使城市轨道交通系统发挥最佳效能，保证安全、准时、可靠、舒适地将乘客运输到目的地，也使城市轨道交通运营组织发挥最有效的作用，使企业和社会双重获益。

城市轨道交通运营计划以客流、设施、设备运输能力等为基础进行编制，其包括客流计划、全日行车计划、车辆运用计划和列车开行方案等。

1）客流计划

城市轨道交通运营组织的基础是客流，需要了解客流的数量、方向、空间与时间分布规律等信息，才能根据需要合理安排运输供给数量。客流计划是运营计划编制阶段对轨道交通线路客流的规划，是全日行车计划、车辆配备计划和列车开行方案编制的基础。客流计划主要包括各站到发客流量，各站各方向上下车人数，高峰小时断面客流量，全日分时段断面客流分布等。在编制客流计划时，若为新运营线路则以预测的客流数据为基础进行编制；若为既有线路则以客流调查、统计资料为基础进行编制。

2）全日行车计划

全日行车计划是城市轨道交通运营时间内，各小时运行列车对数的计划，它规定了城市轨道交通日常运输任务。全日行车计划编制的基础是客流计划，而全日行车计划又是列车运行图、车辆运用计划等的基础。全日行车计划是根据运营时间内各小时的最大断面客流量、列车定员数、线路断面满载率和希望达到的服务水平综合考虑进行编制的。全日行车计划内容包括运营时间内各小时开行列车数，行车间隔时间等信息。

3）车辆运用计划

车辆运用计划是指一定类型的设备和行车组织方法条件下，为完成一定的运输任务而制定的车辆使用计划。对于城轨系统来说，其所配备车辆的状态包括可正常运营的运用车、处于检修状态的检修车和用于完成紧急任务的备用车。车辆部门对日常车辆状态进行统计，统计出各种状态车的数量及情况。运营部门则根据这个数据，并结合全日行车计划所需要的车辆数，以及列车运行图中列车上线时间，编制车辆运用计划。车辆运用计划的编制应确保线路运营的需要，也可综合平衡车辆的维修需要。

4）列车开行方案

列车开行方案包括列车编组方案、列车交路计划和列车运行方案三个部分。列车编组方案规定列车是固定编组还是非固定编组，以及列车的编组数量；列车交路计划是根据运营组织的要求及运营条件的变化，规定列车运行区段和折返车站；列车运行方案规定列车停站方式，列车停站方式包括站站停、分段停和跨站停3种方式。

2. 城市轨道交通列车运行图

城市轨道交通与铁路不同，其运行的列车主要为运输旅客的动车组列车，列车运行差异小，所以其运行图基本都是平行运行图；另外，城市轨道交通的线路都是双线，列车到站停车基本都是在车站正线上完成，这与铁路中部分列车可在到发线上停车不同；城市轨道交通列车运行过程中的越行、会让也很少发生。所以，城市轨道交通运行图较铁路运行图要简单一些。

城市轨道交通列车运行图的种类主要有一分格运行图、二分格运行图和十分格运行图。运行图坐标系其他内容的含义与铁路列车运行图的基本一致，这里就不重复介绍了。

城市轨道交通列车运行所包含的要素主要有时间要素、数量要素、其他相关要素。这些要素也是编制城市轨道交通列车运行图的基础。

1）时间要素

时间要素主要包括：①区间运行时分，指列车在两个相邻车站之间的运行时间标准时分；②停站时间，从列车停稳开始，包括列车开门时间、乘客上下车时间、确认站台情况时间、关门时间等，其长短设置主要应保证乘客乘降需要；③最小行车间隔，前后两车行车间隔最小值，其受线路设备、车辆性能等诸多条件的限制；④列车间隔时间，包括车站间隔时间和追踪间隔时间，其中车站间隔时间是车站办理两列车到达、出发或通过作业所需要的最小间隔时间，追踪间隔时间是在设有自动闭塞的线路上，同一方向追踪运行的两个列车间的最小间隔时间；⑤折返作业时分，指列车到达终点站或在区间站进行折返作业的时间总和，包括列车在车站开关门时间、乘客上下车时间、确认信号时间、出入折返线时间、司机换岗时间等。

2）数量要素

数量要素主要包括：①全日分时段客流分布，用来确定高峰、低谷时段客流量，从而可对列车运行列数等相关因素进行合理安排；②列车满载率，指列车实际载客量与列车定员数之比；③出入段能力，指每单位时段通过出入段线进入运营线的最大列车数。④列车最大载客量，指一列车按车厢定员数计算所能允许载运的最大乘客数。

3）其他要素

其他要素主要包括：①与其他交通方式的衔接；②与大型城市设施的衔接；③列车检修作业；④列车试车作业；⑤司机作息时间；⑥车站的存车能力；⑦电客车的能耗。

3. 城市轨道交通列车运行组织

列车运行组织是城市轨道交通运营组织的核心工作，可以分为正常情况下和非正常情况下的列车运行组织模式。

1）正常情况下的列车运行组织

城市轨道交通与铁路不同，其行车组织工作较为简单，主要包括正线列车运行组织、车站接发列车、列车进出车辆段三项工作，分别由控制中心、车站和车辆段三个部分协调完成。城市轨道交通列车运行由控制中心统一指挥，车站和车辆段作为二级调度，按照控制中心的指挥组织列车运行。在正常情况下，城市轨道交通列车运行组织主要分为调度集中下的列车运行组织、调度监督下的列车运行组织和调度监督下的半自动控制列车运行组织三类。

（1）调度集中下的列车运行组织

在调度集中下的列车运行组织是由控制中心行车调度员人工排列列车进路，指挥列车运行以及进行列车运行调整。行车调度员通过进路控制终端键盘输入各种控制命令，控制管辖线路上的信号机、道岔以及排列列车进路；通过显示盘与显示器，准确掌握线路上列车的运行和分布情况、区间和站内线路的占用情况以及信号的显示状态和道岔开通位置等。在调度集中情况下，列车进入区间的行车凭证为出站信号机的绿灯显示。追踪运行列车间的安全间隔由自动闭塞设备实现。大多数情况下的调度集中控制时，车站不直接参与行车组织工作。

（2）调度监督下的列车运行组织

此种情形是在行车调度员的监控下，由列车自动控制系统（ATC）对列车运行进行自动指挥、自动运行监护和列车运行保护。行车调度员通过显示盘和工作站显示器，准确掌握线路上列车的运行和分布情况、区间和站内线路的占用情况等。

（3）调度监督下的半自动控制列车运行组织

此方式是在控制中心行车调度员统一指挥和监督下，由车站行车值班员操作车站微型计算机联锁设备或其他设备控制列车运行。此种情况一般在新线运营过渡期内，信号系统未调试完毕，或是自动控制系统发生故障以及其他特殊情况下应用。

2）非正常情况下的列车运行组织

非正常情况下的列车运行组织是由于人、设备或环境等因素导致不能继续采用正常情况下的列车运行组织方式。一般在非正常情况下的列车运行组织会采用降阶条件下的行车组织方式，具体列车运行组织方式会根据非正常情况产生原因不同而不同。非正常情况发生的主要原因有以下几种：①设备故障；②自然灾害；③人为原因。非正常情况的列车运行组织方式，由于需要针对不同原因采取不同的列车运行组织措施，内容较为复杂，受到篇幅限制，此处不详细介绍。

4．城市轨道交通客运组织

城市轨道交通客运组织是通过合理布设客运设施、设备，对客流采用有效集散措施，进而完成旅客运输组织工作的过程。客运组织的主要内容包括车站售检票设施的位置、数量的设置，引导设施的设置，隔离栏杆的设置，广播的播放，工作人员的配备，应急设施的设置等。

乘客在城市轨道交通进站的基本过程为：①安检；②购票；③检票；④进入站台；⑤候车；⑥乘车。出站的基本过程为：①下车；②进入站厅；③检票；④出站。从进出站的基本过程可以看出，城市轨道交通中，乘客进站乘车的整个过程在站内花费时间要多于出站乘客在站内的时间。而在客运组织中，客运工作的原则就是保证安全、快速实现旅客运输工作，对客流流线保证畅通，避免拥挤，及时疏散客流。因此，在客流组织时应注意保证乘客入站“缓”、出站“快”，流线尽量不交叉，达到城市轨道交通站内不拥挤、流线畅通的目的。

具体的客运组织可以按照以下方式进行：①合理安排出入口、安检设施、售检票系统、楼梯之间的位置关系，使客流流线简单、明确，尽量减少流线间的交叉、干扰。②保证乘客换乘的方便。③完善引导设施，快速分流及疏散，减少乘客的聚集。④对特殊人群设置专门设施，保证特殊人群出行需要。

5．城市轨道交通票务管理

城市轨道交通票务管理工作涉及面广，既有售检票涉及客运服务方面的内容，也有票制票价制定等管理方面的内容。票务管理效果的好坏直接关系到城市轨道交通运营企业的经济效益，因此城市轨道交通票务管理工作既是城市轨道交通运营组织中一项重要的经济工作，也是轨道交通运输企业管理工作的重要组成部分。随着互联网的发展，传统售检票方式也发生改变，票务管理中部分工作程序越发简单，工作量越来越少，其管理人员的部分职能逐步被先进的设备和技术取代。票务管理的主要内容包括票据与台账管理、AFC系统（城市轨道交通自动售检票系统）、现金管理、福利票换发工作及车站各种票务备品的管理。

6．城市轨道交通应急管理

城市轨道交通运营的目的、特点、性质等多方面决定了城市轨道交通运营必须把安全生产放在第一位。城市轨道交通可能发生或存在安全隐患，包括：火灾、水患、地震等自然灾害；恐怖袭击等人为灾害等。此外，在特殊时期可能出现客流密急等紧急情况。这些情形一旦发生就需要城市轨道交通系统具有准确应对并合理处理的能力，保证人员安全、财产损失下降到最低程度，尽快恢复城市轨道交通正常运行状态。城市轨道交通应急管理就是解决上述问题的保障，内容包括应急体系的建立、应急预案的设置、应急处置管理等。

参考文献

[1] 宫国顺．铁道概论［M］．北京：北京交通大学出版社，2018.

[2] 李明华，罗世民．铁道概论［M］．长沙：中南大学出版社，2011.

[3] 李学伟．高速铁路概论［M］．北京：中国铁道出版社，2011.

[4] 徐新玉．城市轨道交通概论［M］．北京：国防工业出版社，2017.

[5] 张强锋，陈林秀，杨德友，等．城市轨道交通系统概论［M］．北京：科学出版社，2013.

[6] 齐伟，郭彬．城市轨道交通导论［M］．上海：上海交通大学出版社，2017.

[7] 段树金．土木工程概论［M］．重庆：重庆大学出版社，2012.

[8] 丁大钧．蒋永生．土木工程概论［M］．北京：中国建筑工业出版社，2010.

[9] 徐礼华．土木工程概论［M］．武汉：武汉大学出版社，2005.

[10] 叶志明，江见鲸．土木工程概论［M］．北京：高等教育出版社，2004.

[11] 伍必庆．道路建筑材料［M］．北京：北京交通大学出版社，2006.

[12] 黄政宇．土木工程材料［M］．北京：中国建材工业出版社，2011.

[13] 宁贵霞．交通土建工程概论［M］．北京：中国铁道出版社，2006.

[14] 黄晓明．路基路面工程［M］．5版．北京：人民交通出版社，2019.

[15] 中华人民共和国交通部．公路桥涵设计通用规范：JTG D 60—2015［M］．北京：人民交通出版社，2015.

[16] 茅以升．中国古桥技术史［M］．北京：北京出版社，1986.

[17] 宋玉香．隧道工程［M］．北京：中国建筑工业出版社，2018.

[18] 李成辉．轨道［M］．成都：西南交通大学出版社，2012.

[19] 周顺华．城市轨道交通结构工程［M］．北京：人民交通出版社，2017.

[20] 张庆贺，朱合华，庄荣．地铁与轻轨［M］．北京：人民交通出版社，2006.

[21] 陈小雄．铁道工程概论［M］．北京：人民交通出版社，2020.

[22] 丁士昭．建设项目管理［M］．北京：中国建筑工业出版社，2019.

[23] 田金信．建设项目管理［M］．北京：高等教育出版社，2017.

[24] 李惠强．建设工程监理［M］．北京：中国建筑工业出版社，2017.

[25] 王维纲．土建工程概预算［M］．北京：中国建筑工业出版社，2006.

[26] 朱宏亮．建设法规［M］．武汉：武汉理工大学出版社，2018.

[27] 严隽耄，付茂海．车辆工程［M］．3版．北京：中国铁道出版社，2008.

[28] 罗芝华．铁道车辆工程［M］．长沙：中南大学出版社，2015.

[29] 鲍维千．机车总体及转向架［M］．北京：中国铁道出版社，2014.

[30] 肖荣. 铁道概论［M］. 6版. 北京：人民交通出版社，2016.
[31] 柳拥军. 城市轨道车辆［M］. 北京：科学出版社，2016.
[32] 李建国. 城市轨道交通系统［M］. 2版. 北京：机械工业出版社，2013.
[33] 刘朝英，林瑜筠. 铁路信号概论［M］. 北京：中国铁道出版社，2011.
[34] 广州铁路（集团）公司人事处，广州铁路（集团）公司电务处. 铁路信号技术与应用［M］.北京：中国铁道出版社，2012.
[35] 齐伟，何红丽. 城市轨道交通通信与信号［M］. 上海：上海交通大学出版社，2018.
[36] 林瑜筠，谭丽，涂序跃，等. 高速铁路信号技术［M］. 北京：中国铁道出版社，2012.
[37] 崔志宇，陈波，江伟. 城市轨道交通通信与信号系统［M］. 北京：中国建材工业出版社，2017.
[38] 彭其渊，王慈光. 铁路行车组织［M］. 2版. 北京：中国铁道出版社，2019.
[39] 陈宜吉. 铁路货运组织［M］. 3版. 北京：中国铁道出版社，2010.
[40] 王甦男，贾俊芳. 旅客运输［M］. 3版. 北京：中国铁道出版社，2014.
[41] 戴彤焱，孙学琴. 运输组织学［M］. 北京：机械工业出版社，2006.
[42] 杨浩. 运输组织学［M］. 北京：中国铁道出版社，2017.
[43] 黎茂盛. 城市轨道交通运营管理［M］. 长沙：中南大学出版社，2014.
[44] 彭燕. 城市轨道交通系统［M］. 北京：中国物资出版社，2012.